AF193672

Una Hecatombe Invisible

Una Hecatombe Invisible

Milkor Acevedo

Primera edición: Febrero 2024

Depósito legal: AL 140-2024

ISBN: 978-84-1061-503-8

Impresión y encuadernación: Editorial Círculo Rojo

www.editorialcirculorojo.com
info@editorialcirculorojo.com

Impreso en España — Printed in Spain

—John, ¿cuánto te parece que puede costar la construcción de un matadero? No uno grande, solo un modelo, como demostración.

—¿Demostración de qué?

De lo que sucede en un matadero. De la matanza. Se me ocurrió que la gente tolera la matanza de animales porque no ve nada de lo que pasa. No ve, ni oye, ni huele. Se me ocurrió que si hubiera un matadero en funcionamiento en medio de la ciudad, donde todos pudieran ver y oler y oír lo que pasa adentro, la actitud de la gente podría cambiar. Un matadero de cristal. Con paredes de cristal. ¿Qué te parece?

El matadero de cristal
J.M. Coetzee

Una larga introducción:
¿Quién se atreve a ponerle el cascabel al gato?

Es una simple anécdota que suelo contar con cierta frecuencia: me hallaba acodado a la barra de un bar junto a una amiga. Charlábamos, después de haber repasado por encima otros temas habituales de la actualidad, sobre el cambio climático (por fortuna, hoy en día ya no es tan sencillo toparse con personas que continúen negando la evidencia que tienen ante los ojos y demás sentidos; algo se ha mejorado... supongo). Repitiendo uno a uno, casi al unísono, todos los lugares comunes que se suelen verter sobre tan manido tema, no hallábamos la manera de estar más de acuerdo: "el planeta se está encaminando al precipicio, batimos récords de altas temperaturas año tras año, hemos emprendido un trayecto suicida, pronto superaremos el punto de no retorno, si es que aún no lo hemos traspasado, claro, nadie está haciendo lo suficiente, pocos se están tomando el problema lo suficientemente en serio, empezando por los gobernantes, así es, empezando por los gobiernos, pero tampoco la ciudadanía está haciendo demasiado, eso es cierto, y no es que no estén haciendo demasiado, es que no están, perdón, no estamos haciendo prácticamente nada, aparte de reciclar una que otra botella de plástico y alguna de vidrio, así no vamos a llegar a ningún lado, o más bien vamos a llegar muy pronto a ese precipicio del que hablábamos, y es que en el fondo la gente es tonta (esto último lo afirmó mi amiga), las personas son muy tontas y no hacen nada si no las obligan a hacerlo, o si no las obligan a dejar de hacerlo...".

¿Y exactamente qué es lo que tendrían que obligar a hacer o a dejar de hacer?, pregunté lleno de curiosidad. Por ejemplo, comenzó a enumerar la chica, a reciclar. A usar bombillas de bajo consumo. A dejar de tomar tantos vuelos. A usar más el transporte público. ¿Tú haces eso?, pregunté. Sí, lo hago. Y los demás también deberían... y si no lo hacen por tontos (mi amiga insistía con la palabra), pues los gobiernos deberían obligarles. ¿Cómo, con multas? Sí, con multas, por ejemplo.

Aguardé algunos segundos en silencio, degustando la pregunta cruel que pugnaba por salir de mis labios. Al fin disparé: ¿y si te dijera que una de las acciones más efectivas que puede hacer cualquier ciudadano para reducir su impacto medioambiental en el planeta es dejar de consumir carne y productos lácteos? ¿O al menos reducir considerablemente su consumo?

No, no lo sabía. Por su mirada desconcertada estaba claro que no lo sabía. Asombrosamente, casi nadie lo sabe. O más bien casi nadie quiere saberlo. Tardó otros tantos segundos en recomponerse, el tiempo que le tomó a su mirada de desconcierto transformarse en otra claramente asesina, fulminante. Era evidente que la había ofendido. Y yo era plenamente consciente de que aquello sucedería. Siempre se ofenden. No falla. Es prácticamente un acto reflejo. Nada como sacar a colación, aunque sea de forma indirecta o tangencial, el tema del vegetarianismo para que las personas carnívoras se ofendan. Para que se lo tomen como una afrenta personal. Es un tema sumamente delicado, esto de la comida. Somos lo que comemos, se suele decir. ¿Entonces qué es lo que tú estás queriendo decir, Milkor, acerca de mí? ¿Qué piensas que soy yo? ¿De qué me estás acusando exactamente, señorito perfecto dizque amante de los animales?

Supongo que todo esto le pasó por la cabeza, al igual que les ha pasado a muchos otros en el momento en que, sentados a la mesa comunal, a veces debo notificar (en ocasiones no hay más remedio) que soy vegano. Esa simple información muchas veces pesa en los demás como una acusación indirecta ("¿acaso te crees mejor que nosotros los carnívoros?"), razón por la cual muchos comensales se esfuerzan, a partir de ese momento, en encontrar las contradicciones que siempre, soy el primero en reconocerlo, existen en torno al vegetarianismo o al veganismo. Los inmediatos señalamientos de hipocresía o doble moral relacionados con lo primero que venga a la mente, o los trillados chistes sobre cadáveres de lechugas y tomates, están siempre a la orden del día. Estoy seguro de que todos los vegetarianos tienen un amplio bagaje de experiencias similares. Pero no nos distraigamos, volvamos a mi amiga y a su mirada enfurecida, porque está a punto de responderme lo siguiente con tono destemplado: "A mí nadie me tiene que decir lo que tengo que comer o dejar de comer".

¿Pero en qué habíamos quedado? ¿No acabas de decir que las personas son tontas y que hay que obligarlas a hacer o dejar de hacer ciertas cosas? ¿Por qué ahora, apenas se menciona el asunto de la comida, te excluyes del dócil rebaño?

No le respondí eso, por supuesto. Permanecí callado, me dirigí al baño y a la vuelta busqué un nuevo e intrascendente tema que devolviera la paz y la concordia.

No, yo no creo que la gente sea tonta, al menos no en su mayoría. Sin embargo, por desgracia estoy convencido de que millones de personas en todo el planeta piensan en estos momentos que primero tendrían que derretirse todos los casquetes polares y extinguirse todas las especies de animales —a excepción del ganado y de los peces comestibles— antes que verse obligados a reducir el consumo de carne (a este tipo de personas, obviamente, no está dirigido este libro). Tampoco creo que haya que prohibir comer carne u obligar por la fuerza a reducir su consumo (aquello muy probablemente sería contraproducente; recordemos por ejemplo las nefastas consecuencias de la Ley Seca en Estados Unidos). Y tampoco creo que los vegetarianos y veganos seamos necesariamente mejores personas ni seamos moralmente superiores (se ha repetido hasta la saciedad que Hitler era vegetariano... aunque esa conjetura, en realidad, es cuanto menos discutible(1)). Pero lo que no deja de ser sumamente paradójico, y sobre todo bastante desconcertante, es el hecho de que tanta gente se preocupe (en torno al 83% de los españoles(2)) por los efectos perniciosos y cada vez más notorios y acelerados del cambio climático, y al mismo tiempo tan pocas personas estén informadas acerca de cuál es una de las medidas cruciales, perfectamente al alcance de la mano y según varios estudios acreditados, que cada uno podría llevar a cabo de manera individual para intentar atenuar, ya que no revertir, el calentamiento global: la reducción del consumo de carne(3).

Y es que a poco que uno se dedique de manera somera a investigar, descubrirá con facilidad, y también con enorme sorpresa (sorpresa motivada por ese previo desconocimiento, hablo por experiencia), que la industria cárnica es uno de los sectores que más contribuyen al cambio climático. Según datos aportados por la Organización de las Naciones Unidas para la Alimentación y la Agricultura (FAO), el sector cárnico emite más gases de efecto invernadero que todo el transporte mundial junto(4): 14,5% del total de emisiones —otras fuentes elevan dicho porcentaje al 20%—. Tales estimaciones señalan que la contribución de la industria cárnica al cambio climático supera en un 40% a todo el sector mundial del transporte, lo que la convierte, según algunos expertos, en la principal responsable del calentamiento global. Por otra parte, en torno al 70% de las tierras cultivables y el 30% de toda la superficie terrestre global se dedican al pastoreo y al sembradío de alimentos para el ganado(5), principalmente la soja y el maíz con que se elaboran los piensos, mientras que más del tercio del agua potable de todo el planeta se dedica a la ganadería y a la agricultura destinada a la alimentación de esos miles de millones de animales(6). Todo lo cual, a su vez, contribuye como ningún otro sector a la indetenible deforestación y desertificación de nuestro planeta. Por no hablar de las múltiples consecuencias derivadas que ya todos conocemos, entre ellas, el aumento del hambre, de la pobreza y de las grandes migraciones humanas desde las regiones más afectadas por el calentamiento global.

Y a pesar de todos estos dramáticos y reveladores datos —invisibles o más bien *invisibilizados* para la inmensa mayoría de la población—, el consumo de carne no cesa de crecer año tras año a nivel global (al igual que también lo hace nuestra dependencia de las fuentes energéticas más contaminantes, incluido el carbón(7)... pero de esto, en cambio, sí se suele hablar bastante). Según las más recientes estimaciones aportadas por la FAO, hoy en día se consumen cada año en todo el planeta unos 92 mil millones de animales(8). Y es una cifra que, obviamente, va en constante y acelerado aumento (hace apenas cinco años el número rondaba los 70 mil millones(9)). Estamos hablando de un promedio de más diez animales por cada ser humano que puebla la Tierra —aunque, como todos sabemos, la responsabilidad de los ciudadanos del llamado Primer Mundo es, por supuesto, mucho mayor que la de los habitantes de los países menos desarrollados—. Son más de 250 millones de animales sacrificados cada día. Eso es algo inferior a toda la población humana de Indonesia, el cuarto país más poblado del planeta. *¡Cada día!* Unos diez millones y medio de animales cada hora (toda la población de Suecia). Y todo esto sin contar los miles de millones de animales acuáticos que esquilmamos anualmente de unos mares y océanos cada vez más agotados. Yo me pregunto: ¿no sería lógico al menos suponer que tantas decenas de miles de millones de animales cebados cada año pueden tener un efecto bastante perjudicial sobre la salud del planeta? ¿A nadie más le parecen estos números... digamos... algo exagerados, excesivos, desproporcionados?

Y sin embargo, toda nuestra atención, la de los ciudadanos y la de los medios de comunicación, parece centrarse únicamente en la manera en que los gobiernos han de realizar la transición hacia las energías limpias y renovables o el modo en que todos debemos reducir nuestro consumo energético, principalmente en relación a los medios de transporte. Hace unos días atrás leí en el suplemento dominical de El País un artículo, escrito por el filósofo Michael Marder, que reflexionaba en torno a los remordimientos, vinculados con la "huella de carbono", que embargan a miles de viajeros de todo el mundo cada vez que toman un avión(10). Y como aquel artículo hay decenas. Espero que no se me malinterprete: por supuesto que debemos intentar reducir al máximo nuestro consumo energético, tanto a nivel individual como nacional y global. ¿Pero qué hay del remordimiento de contribuir al calentamiento global por medio del cada vez más creciente consumo de carne? ¿Existe para empezar ese remordimiento? Y de existir, ¿es algo común o generalizado? ¿No valdría la pena abordarlo? ¿No sería aconsejable intentar generar o intensificar ese remordimiento? ¿No obraría acaso en nuestro propio beneficio?

Asunto delicado... muy delicado. Sin duda los medios de comunicación son reacios a abordar el tema, por temor a importunar (y perder) a incontables lectores y suscriptores. Me parece que son muy pocas las personas que están dispuestas a alentar ese incómodo sentimiento de culpa. Resulta comprensible que nadie tenga demasiados deseos de caer mal o de ganarse enemistades, mucho menos los políticos. No es lo mismo aconsejar el reciclaje o el uso del transporte público que sugerir un cambio en la dieta, sobre todo si esta dieta está basada en la deliciosa carne. Si ya resulta sumamente difícil abordar el espinoso asunto de la disminución del consumo de azúcares para contrarrestar la obesidad (una de las principales pandemias no infecciosas que afectan en la actualidad a millones de ciudadanos en los países más desarrollados), cuán más difícil no será hacer lo mismo en relación a la carne. Así como hoy en día es de obligación y de sentido común respetar todas las identidades —ya sean étnicas, raciales, religiosas, sexuales, culturales y pare usted de contar—, también ha de hacerse lo mismo con todas las tallas y, por supuesto, con todas las preferencias gastronómicas (aun cuando aquello exacerbe la morbilidad en nuestras cada vez más enfermizas sociedades). La comida, de más está decirlo, está estrechamente relacionada con el gusto; y nos han enseñado desde pequeños que todos los gustos han de ser respetados. Los vegetarianos, cada vez que abordamos el tema, somos acusados de intolerantes. Sin embargo, nadie acusa de intolerancia a quienes promueven el uso de coches eléctricos o la transición a la energía fotovoltaica. Y así la espiral del silencio en torno a la alimentación y su estrecha relación con el calentamiento global nos mantiene a todos maniatados.

"Sabemos lo que hay que hacer, pero no sabemos cómo ser reelegidos después de hacerlo". Esta memorable y un tanto críptica frase, ya conocida como «la maldición de Junker», fue pronunciada por el exministro luxemburgués poco antes de ser elegido presidente de la Comisión Europea. No se refería, obviamente, al asunto del consumo de carne y lácteos, sino a las dolorosas medidas de austeridad que por entonces debían seguir aplicándose en la eurozona. Pero podría ser perfectamente aplicable al tema que nos ocupa. Ya que la inmensa mayoría de los ciudadanos son ajenos a la información que estamos exponiendo (y que expondremos más profusamente en las próximas páginas), o ya que gran parte de esa ciudadanía se mantiene en un plácido y conveniente desconocimiento (la ignorancia es una bendición… y un delicioso bocado de lomito poco hecho bien vale una buena dosis de ceguera voluntaria), pues entonces los gobernantes, si realmente les preocupara el destino al que estamos abocados y que ya estamos empezando a vislumbrar —¿realmente les preocupa?—, deberían emprender ciertas e imprescindibles labores didácticas. Pero es evidente que, aun cuando verdaderamente tuvieran esa intención, se encuentran paralizados. Siacometieran la labor, luego no sabrían cómo ganar elecciones (lo cual es, en la práctica, la meta principal y la razón de ser de la gran mayoría de los partidos políticos).

En julio del 2021, el ministro de Consumo de España, Alberto Garzón, hizo una lógica y modesta sugerencia con la que demostró no solo su temeridad, sino también su impericia en las arenas movedizas del ruedo político: los ciudadanos, por el bien de España (y del planeta), deberíamos reducir el consumo de carne. Apenas eso. Nada de eliminar la carne, tan solo reducir su ingesta(11). Alguien finalmente se había atrevido a decir "el Rey está desnudo". Pues bien, la que se montó a continuación ya ha pasado a los anales de la historia política en nuestro país. No solo la oposición estalló en cólera y pidió su cabeza. También miembros destacados del propio gobierno de coalición censuraron, o al menos intentaron matizar, las imprudentes palabras del ministro. Por su parte, amplios sectores de la ciudadanía y, por supuesto, los sectores empresariales ligados a la poderosísima industria cárnica, exigieron igualmente la destitución fulminante de ese ministro comunista que osaba imponer de forma totalitaria a los españoles sus propios gustos alimenticios. "A mí nadie me tiene que decir lo que tengo que comer o dejar de comer", ¿recordáis? ¿Acaso hay mayor símbolo de libertad y de prosperidad que comer lo que nos salga de las narices, y sobre todo en las cantidades que nos apetezca? De paso, aquel deslucido epígono del finado comandante Chávez estaba poniendo en riesgo, con su insensatez, el adecuado crecimiento de la actividad económica en nuestro país. Y ya sabemos que en todas las naciones de nuestro maltrecho planeta —con la honrosa excepción de Bután, que yo sepa— el bienestar de una sociedad depende casi en exclusividad de una única y sagrada variable: el crecimiento (perpetuo, a ser posible) del PIB. Y es que el lema de la civilización moderna podría resumirse simplemente en "más y más grande". Por desgracia, y precisamente a causa de esta divisa, los recursos del planeta se encuentran en mínimos históricos.

No satisfecho con todo aquello, no habiendo recibido, al parecer, suficientes varapalos a diestra y siniestra (nunca mejor dicho), aquel empecinado —y solitario— ministro "bolivariano" la volvió a liar poco tiempo después. Algunos meses más tarde, en enero del 2022, Alberto Garzón cargó a continuación contra las macrogranjas por considerarlas un "modelo perverso"(12). A las renovadas y previsibles exigencias de dimisión se sumaron las del líder del Partido Popular en aquel momento, Pablo Casado, quien manifestó su indignación y su pleno apoyo a la agricultura intensiva española mientras a sus espaldas unas robustas vacas pastaban felizmente al aire libre(13). Llamó bastante la atención que Casado escogiera precisamente una pequeña finca, a cuyo cuidado hay apenas 70 animales, para expresar su firme apoyo en favor de las macrogranjas. Es de suponer que no tuvo estómago suficiente para visitar una granja industrial, y mucho menos para defenderlas desde su interior (en el caso, harto improbable, de que le hubiesen permitido el acceso). Y la verdad es que es bastante comprensible su decisión: nada hay más contraproducente a la hora de defender la ganadería intensiva que exponer ante el público lo que se cuece en su interior.

No sabemos cuántos jalones de oreja habrá recibido Garzón por parte de sus propios compañeros de coalición o cuántos miles de votantes habrá perdido el PSOE y Unidas Podemos tras aquellas ofensivas sugerencias fuera de todo lugar. Lo único que está claro es que la inmensa mayoría de los gobernantes no desean decirle a la cara a los votantes aquello que no quieren escuchar (ello sería un perfecto ejemplo de "anti-populismo", la manera más rápida de hacerse el harakiri político). Y es que el modo más eficaz de perder cualquier jornada electoral (o cualquier simpatía) es atragantarle la comida a la gente. Literalmente. Esta quizá sea la razón por la que, por ejemplo, la mismísima Greta Thunberg, incluso siendo vegana, muy rara vez incide en el tema del consumo de carne en sus frecuentes y apasionados discursos: no quiere caer mal. O mejor dicho: no quiere caer aún peor. Ya todos sabemos que la pobre y valiente Greta desata bajas pasiones en todas aquellas personas que detestan que alguien las ande sermoneando, mucho menos una niña o una adulta con cara de niña, de modo que quizá, por el bien de su loable labor, la joven activista sueca se abstenga de seguir acumulando encono hacia su persona.

Y es que, llegando un poco más lejos, ¿quién querría ver el escabroso vídeo en el interior de una granja industrial o de un matadero justo antes de ir a cenar? Nadie, por supuesto. Yo tampoco lo haría, obviamente. ¿Por qué? La pregunta, lo sé, suena bastante estúpida (y lo es), pero de todos modos vamos a responderla: pues porque aquello quitaría el apetito. ¿Cierto?

El problema, creo yo, es que nadie (o casi nadie) está dispuesto —es completamente comprensible— a ver imágenes *en cualquier momento del día* de animales siendo maltratados en las macrogranjas o sacrificados en los mataderos (abundan los vídeos a través de YouTube(14), a pesar de la estricta opacidad de dichas instalaciones y de la connivencia de los gobiernos en torno a este secretismo). Nadie (o casi nadie) está dispuesto a ver estas imágenes antes, durante o seis horas después de comer. ¿Por qué? Una vez más, porque aquello desbarataría, en gran medida, el enorme placer de comer carne. Crearía ciertos "remordimientos". Correríamos el riesgo de que algunas personas, cada vez en mayor número, se plantearan consumir menos carne (o incluso dejarla por completo). Y no queremos que eso ocurra, ¿verdad? No, no queremos que eso suceda, aunque aquello fuera lo más beneficioso que podría ocurrirle al planeta en su camino a la sanación (o a la simple preservación), y por tanto también a la propia humanidad en su urgente anhelo de supervivencia(15). Los todopoderosos sectores cárnicos no quieren que eso ocurra (sus razones son evidentes), los políticos no quieren que eso ocurra (aquello supondría una amenaza para la sacrosanta economía nacional, así como la teórica puntilla para la "España vacía"… y tras ello las derrotas electorales estarían más que aseguradas), y millones de ciudadanos tampoco desean que eso ocurra (más bien al contrario: muchos anhelan comer más y más carne, pues aquello también consigue transmitir la sensación de que el ascensor social está funcionando; y es que comer carne en abundancia no es solo un placer, sino también un claro símbolo de estatus social desde tiempos inmemoriales).

Una vez más: las personas no desean ver imágenes ni vídeos desagradables porque aquello, con toda seguridad, quitaría el apetito. ¿Pero no sería precisamente la disminución del apetito de carne un paso de gigantes en aras de evitar la catástrofe que ya está tocando a nuestras puertas? Y si esto fuera cierto (que lo es, de eso no tengáis dudas), ¿no deberían los gobiernos incentivar esa merma en el apetito, quizá a través de la divulgación de la espantosa verdad que se esconde tras las inexpugnables fortificaciones de los mataderos y las granjas industriales? Pero en realidad hacen todo lo contrario (salvo *raras avis* como el imprudente ministro Garzón): fomentar o auspiciar el secretismo y la opacidad.

La razón de esto último es sencilla y ya la hemos comentado: el apetito (en cualquiera de sus múltiples manifestaciones, pero para el caso que nos ocupa el apetito de carne) está estrechamente relacionado con el crecimiento. Y el crecimiento siempre trae consigo votos. Los sermones, la moralidad, el sentimiento de culpa, los remordimientos, el malestar y la incomodidad, en cambio, ahuyentan a los electores. Se trata siempre de lisonjear al votante, jamás de hacerle sentir mal o responsable de algo. También sabemos desde hace bastante tiempo que los dirigentes políticos, siempre aquejados de miras cortoplacistas, se encuentran completamente abducidos por lo que dictan las encuestas y demás investigaciones demoscópicas, de modo que es impensable imaginar que pudieran hacer o decir algo que necesariamente habría de incomodar a las masas. En cuanto a la inmensa mayoría de los medios de comunicación, siempre temerosos de perder cuotas de mercado y de publicidad, tampoco parecen estar a la altura del enorme reto que tenemos por delante.

De modo que corremos un tupido velo sobre aquello que ocurre en los mataderos y granjas industriales y así quedamos todos contentos en nuestra ignorancia cómplice: gobiernos, sector cárnico, medios de comunicación y ciudadanía. Cabe recordar que los grandes mataderos surgieron a mediados del siglo XIX, primero en Londres y Chicago y luego paulatinamente por todo el globo, como un modo, precisamente, de comenzar a extender ese espeso manto por encima del maltrato y el sufrimiento animal a escalas industriales. Así que mejor mirar para otro lado y concentrarnos únicamente, o más bien brindar la apariencia de que nos concentramos, en la (también urgente y necesaria) transición energética.

El diálogo del cuento corto de Coetzee, «El matadero de cristal», que precede al inicio del presente ensayo, continúa de la siguiente manera:

"—¿Estás pensando en un matadero real, en el que se sacrifican animales reales, que mueren realmente?

—Sí, todo real. Como demostración.

—No creo que exista la menor probabilidad de que te den permiso para construirlo. Ni remotamente. Aparte de que a la gente no le gusta que le recuerden cómo llega el alimento a la mesa, está el tema de la sangre. Cuando degüellan a un animal, la sangre sale a borbotones. Es pegajosa y sucia. Atrae las moscas. Ningún funcionario municipal permitirá que corran ríos de sangre en la ciudad".

No, ningún funcionario en sus cabales permitirá que corran ríos de sangre ante la estupefacta atención del público, y tampoco brindará facilidades para que alguna mirada más curiosa de lo habitual capte las deplorables condiciones en las que viven todas sus cortas y miserables vidas los miles de millones de animales hacinados en las granjas industriales.

Una anécdota más: en noviembre del 2022 fui con mi esposa, como cada año, a la exposición World Press Photo en Barcelona, la muestra anual con la que el gremio internacional de reporteros gráficos hace un repaso de los acontecimientos más relevantes y dramáticos de los últimos doce meses. Tras armarnos de valor (realmente es necesario acumular voluntad y decisión para echar un somero vistazo al corazón de las tinieblas que palpita en cada rincón del planeta), nos sumergimos en los penumbrosos pasillos de la exposición. Una de las secciones de la muestra, a cargo del fotógrafo Ismail Ferdous y titulada «*The people who feed the United States*» ("Las personas que alimentan a Estados Unidos"), abordaba el tema de los inmigrantes que trabajan en las fábricas de empaquetado de carne en Estados Unidos (esta denominación, "empaquetado de carne", es el eufemismo con el que los empresarios y gobernantes estadounidenses han sustituido la muy desagradable palabra "matadero" —*slaughterhouse*—, la cual, por supuesto, trae inmediatamente a la mente imágenes no demasiado convenientes para el buen funcionamiento del negocio). Como suele ser habitual en la gran mayoría de los países desarrollados, un porcentaje bastante elevado de los trabajadores de los mataderos, perdón, de las empresas de empaquetado de carne, son inmigrantes (en torno al 37% en Estados Unidos(16)). Esto no se debe —o no se debe principalmente— a que los bajos salarios ahuyenten a los trabajadores autóctonos (algo que, por otra parte, es una realidad incontestable: todo vale a la hora de abaratar al máximo el precio del producto para que así todos podamos comer felizmente más y más carne). No, la razón principal es que se trata de uno de los trabajos más duros y exigentes que existen, en donde las tasas de depresión, ansiedad, alcoholismo, adicciones de todo tipo e incluso suicidios superan con creces a casi cualquier otra actividad laboral (lo cual, de más está decir, es bastante comprensible: ¿cuántas imágenes y acciones espantosas no habrán tenido que atestiguar o protagonizar todos estos desdichados trabajadores, una y otra vez y a un ritmo demencial, con el fin de que todos nosotros podamos consumir plácida e "inocentemente" kilos y kilos de carne?). Esto explica el hecho de que muy pocos ciudadanos nativos, a menos que se encuentren en una situación económica realmente precaria (o tengan muy pocos pruritos), accedan a trabajar en un ambiente que, digámoslo con claridad, es capaz de hacer perder la cabeza a cualquiera. Una vez más: ¿quién querría estar cerca de esas imágenes, de ese miedo, de ese terror, de ese dolor, de ese sufrimiento extremo y sin fin?

El reportaje gráfico estaba conformado por una serie de retratos de algunos de aquellos inmigrantes, quienes durante la pandemia del coronavirus, y en medio de las estrictas restricciones y de los confinamientos, se vieron obligados a continuar trabajando en dichas empresas a pesar de las altísimas tasas de contagio que afectaban al sector (el presidente Donald Trump calificó a la industria cárnica, en abril del 2020, como "infraestructura crítica nacional"). Los empleados de los mataderos fueron de los pocos trabajadores, junto con los transportistas, los profesionales sanitarios, los cajeros de los supermercados y poco más, que llevaron a sus espaldas, y pese al enorme riesgo para su salud, la admirable labor de mantener a la sociedad en mínimo funcionamiento. Y es que la ciudadanía ya estaba sufriendo demasiadas limitaciones y estrecheces como para que además se viera privada de un bien casi tan preciado como el aire que respiramos: la carne a espuertas. Y a pesar de ello no recuerdo que nadie saliera a los balcones para aplaudir la valiente (y esclavizante) labor de los trabajadores de los mataderos.

En cualquier caso, el fotógrafo lamentaba, en el texto explicativo que acompañaba a los retratos, no haber podido realizar fotos en el interior de aquellas empresas de "empaquetado de carne". La razón es que el gobierno estadounidense, rezaba aquel texto, prohíbe por ley las grabaciones y las fotografías en el interior de tales instalaciones. En aquel momento no le di demasiada importancia a aquella escueta información, pues la verdad es que me pareció totalmente lógica y previsible. Mi mente, por otra parte, se hallaba por entonces completamente aturdida y sobrepasada a cuenta de las incontables desgracias (muchas de ellas, por cierto, relacionadas con el cambio climático) que había atestiguado minutos antes en las salas precedentes.

Pero quien al parecer sí le dio muchas vueltas a esa información fue mi esposa, porque apenas salimos de la exposición, y ya habiendo recobrado el aliento y la entereza, lo primero que me preguntó fue por qué el gobierno estadounidense prohibía expresamente las grabaciones en el interior de aquellas instalaciones. Yo, que aún no había procesado la gran mayoría de los datos recibidos, respondí lo primero que se me vino a la cabeza: pues porque esas imágenes siempre estremecen e indignan a la población. Y eso podría llevar a mucha gente no solo a protestar, sino también a dejar de comer carne, o al menos a reducir su consumo. Y entonces la economía se resentiría. Y ningún gobierno podía permitir que eso ocurriera.

¿Tenía sentido aquella respuesta sacada con fórceps de mi cabeza en pocos segundos? Más allá de intentar dármelas de listo delante de mi esposa, ¿escondía algo de verdad aquella precipitada elucubración que más de uno habría podido calificar como teoría conspiratoria? ¿No era acaso demasiado simplona? Sin embargo, mientras pasaban los minutos en el interior del coche y ambos intentábamos de alguna manera digerir el catálogo de horrores que habíamos presenciado minutos antes, más me iba convenciendo de que aquella respuesta tan simple era, siguiendo el principio de la navaja de Ockham, a la vez la correcta. Y es que, muy probablemente, es más sencillo para un periodista estadounidense realizar un reportaje en el interior de una instalación militar de alta seguridad que en el de un matadero. No es muy distinta, por supuesto, la situación en Europa. El diputado francés Olivier Falorni afirmó lo siguiente tras haberse destapado en el 2017 un escándalo, uno de tantos, relacionado con el maltrato animal: "Resulta más fácil entrar en un submarino nuclear que en un matadero industrial"(17).

¿Tenía, pues, algún sentido esa respuesta apresurada? De esa duda nacieron mis posteriores indagaciones e investigaciones. Y de esas investigaciones nació la idea de escribir este libro.

Este no es un libro más que desea hacer proselitismo en favor del vegetarianismo (no al menos de forma directa). No, no se trata de convertir a nadie al vegetarianismo... aunque no estaría mal que aquello ocurriera. Este ensayo, o más bien esta especie de manifiesto, tan solo pretende conectar ciertos puntos que, por desgracia, no han sido vinculados ni mucho menos difundidos las veces suficientes y con la seriedad que se merece. Se trata de alentar la reflexión en torno a la escasez de información vital que se nos suministra (y de paso rellenar un poco ese vacío) sobre los devastadores efectos medioambientales relacionados con el excesivo consumo global de carne, así como en relación a la opacidad y el secretismo, tolerados o directamente auspiciados por el poder, que rodean a los mataderos y las granjas industriales.

Reformulemos una vez más la pregunta del millón: si las imágenes dantescas de mataderos y macrogranjas son capaces de generar cierto malestar o remordimiento y por tanto de disminuir el apetito colectivo (y sin duda lo son), y si la disminución del apetito de carne redunda en demostrables y objetivos beneficios medioambientales, ¿no debería un gobierno responsable propiciar la divulgación de tales imágenes y de dicha información? ¿No se hizo algo muy parecido, por ejemplo, a través de las escabrosas imágenes de tumores cancerígenos impresas en las cajetillas de cigarrillos, a pesar de la enconada y previsible resistencia de las poderosas empresas tabacaleras? Al menos ese gobierno autocalificado de responsable no debería ser cómplice de tal ocultamiento y desinformación (tampoco los medios de comunicación deberían serlo), y muchos menos seguir subvencionando a una industria ya de por sí multimillonaria. ¿Tiene algún sentido continuar estimulando *sine die* la demanda al inundar el mercado con productos cárnicos a precios artificialmente bajos? ¿Realmente necesitamos consumir tanta carne?

Mi esperanza es que algún lector —espero sinceramente que estas páginas sean leídas por algún carnívoro contumaz— se haga las siguientes preguntas: ¿cuán sabroso ha de ser un bocado de carne para justificar no solo tanto sufrimiento animal (y no estamos hablando únicamente del cruel y terrorífico momento de su muerte), sino también tantos árboles talados, tantos bosques y selvas deforestados, tantos ríos desecados o contaminados, tantos territorios desertificados, tanto dióxido de carbono y demás gases de efecto invernadero emitidos, tantas décimas de temperatura en constante aumento? Y, sobre todo: ¿cuántos deliciosos bocados pueden justificar tanto desastre presente y por venir? ¿Hay para empezar algún límite? ¿Es realmente insaciable ese apetito voraz? ¿Seríamos capaces de reducir el número de bocados diarios por nuestro propio bien?

Suponiendo que el lector no se sintiera demasiado interpelado por el sufrimiento de los animales, suponiendo que fuera capaz de continuar mirando hacia otro lado o incluso de mirar completamente de frente y seguir degustando el delicioso sabor de la carne sin mayor (o ningún) remordimiento, entonces al menos podría desplazar su preocupación al ámbito estrictamente personal y hacerse una pregunta que no por sonar a cliché sentimental deja de tener entera validez: ¿qué mundo le dejaremos a nuestros hijos y nietos?

Parafraseando (o más bien citando textualmente) a Naomi Klein, bien podríamos decirnos: "Esto lo cambia todo"(18). La escritora y activista canadiense, en su perenne cruzada por denunciar al capitalismo desenfrenado que todo lo arrambla a su paso, tituló así aquel célebre libro en el que situaba al cambio climático a la cabeza de la larga lista de gravísimos problemas que trae consigo dicho sistema económico cuando se le deja completamente libre de cualquier atadura. Aunque la autora no centra su atención, ni mucho menos, en la industria cárnica (su punto de mira, tal como suele ser habitual, se enfoca en el capitalismo extractivista sustentado por los combustibles fósiles), igualmente podríamos decirnos en cierto momento "esto lo cambia todo" mientras, sentados a la mesa y observando en la televisión los cataclismos ya habituales que nos trae el noticiero, nos llevamos un bocado de carne a la boca.

Y es que ya lo decía Adam Smith hace dos siglos y medio: el egoísmo y los intereses privados son la base del adecuado funcionamiento del capitalismo. Pues bien, ¡seamos perfectamente egoístas! En el momento de escribir estas líneas, invierno del 2022, se anuncia en los medios de comunicación el cierre de numerosas pistas de esquí en toda Europa debido a la escasez de nieve, así como la considerable mengua en las exportaciones agrícolas españolas a causa de los abruptos cambios de temperatura que han perjudicado la producción (aún faltan muchos meses para recibir las noticias cuasi apocalípticas que con toda seguridad nos traerá el verano). Son apenas un par de noticias más, no demasiado espectaculares, entre tantas que tienen la misma causa en común. Y es que el calentamiento global nos va a costar (ya nos está costando) muy caro. No solo la especie humana, o al menos gran parte de ella, se encuentra amenazada. También lo está nuestra actividad económica, ya sea a nivel global, nacional, regional o particular. Todos, o casi todos, vamos a salir perdiendo. Así que repito una vez más: seamos egoístas. Velemos por nuestros intereses. ¡Reduzcamos el consumo de carne!

¿Y acaso habría mejor manera para dar impulso a esos nuevos propósitos, sobre todo cada vez que sintamos la tentación de retornar al consumo excesivo, que atestiguar de vez en cuando los horrores indescriptibles que se esconden tras las paredes de cualquier matadero y granja industrial? Se trataría de simples recordatorios visuales y textuales a cuyas campañas informativas los líderes y gobernantes, así como los medios de comunicación, deberían sentirse obligados a colaborar. Para eso están, repito, las inquietantes imágenes que acompañan a las cajetillas de cigarros: para obligarnos a recordar el terrible mal que nos estamos infligiendo a nosotros mismos.

A lo largo de muchísimos años, por no decir durante prácticamente toda mi vida consciente, estuve en contra de la difusión de imágenes relacionadas con el sufrimiento de los animales. No solo las encontraba repulsivas (¿y quién no?), no solo me causaban un profundo daño psíquico, sino que en numerosas ocasiones las consideraba gratuitas. Es decir, sospechaba (y aún sospecho) de la simple malevolencia de incontables divulgadores cuyo único propósito parece ser el morboso regodeo en el sadismo. Sin embargo, tras salir de aquella perturbadora exposición fotográfica que he mencionado, comencé a hacerme muchas preguntas. Además de las antes mencionadas, algunas de ellas fueron: ¿A quién favorece la ocultación? ¿Quiénes son los grandes beneficiados de la censura que se disfraza astutamente bajo el epígrafe de "imágenes hirientes para la sensibilidad"? No soy yo, sin duda. No somos los vegetarianos y veganos. Tampoco lo es el planeta. No lo es la humanidad en su conjunto (el argumento principal de este libro es que la ocultación precisamente nos perjudica de forma colectiva). Y mucho menos son los propios animales, de más está decir.

No, los grandes beneficiados son los dueños, empresarios y accionistas de la industria cárnica. Y los gobernantes en su afán por mantener la economía a pleno rendimiento, algo que normalmente asegura la reelección. Y millones de amantes del sabor de la carne que en su bienaventurada ignorancia no desean que su placer y su buena conciencia sean importunados. Todos ellos son los grandes beneficiados de la censura, de la ocultación, de la indiferencia, de la indolencia, del eterno mirar para otro lado.

"Ojos que no ven, corazón que no siente". Pues creo que ha llegado la hora de que algunos corazones comiencen a sentir. Por el bien de todos. Y si es cierto que una imagen vale más que mil palabras, pues entonces nos ahorraríamos muchísimas explicaciones y labores didácticas a través de la divulgación de determinadas imágenes no demasiado agradables.

El filósofo británico Julian Baggini sostiene en su libro *El Evangelio sin Dios* que para conocer el bien primero hay que verlo. "El «bien» es real pero indefinible (...). Verlo es la única forma de saber lo que es". Aquello, por supuesto, también es válido para el mal. Para el dolor, para el sufrimiento. Sobre todo cuando ese sufrimiento alcanza cotas cualitativas y cuantitativas nunca antes vislumbradas. Baggini ofrece un ejemplo bastante ilustrativo: "La experiencia nos demuestra que la compasión es con mucha frecuencia el motor del cambio social. Consideremos, por ejemplo, la publicación en 1972 de la famosa fotografía de Nick Ut de una niña horriblemente quemada, Kim Phuc, que huía de un ataque con napalm en Vietnam del Sur. Esa imagen contribuyó a transformar la opinión pública sobre la injusticia de la guerra más que cualquier cantidad de análisis desapasionados. Análogamente, nada contrarrestó la hostilidad hacia los refugiados en Europa tanto como la foto del niño sirio kurdo de tres años Alan Kurdi ahogado en 2015"(19).

Así es, ha llegado la hora de herir muchas sensibilidades. El progreso humano (y tal vez su supervivencia) siempre ha dependido en gran medida del hecho de que muchas sensibilidades hayan sido heridas en el momento adecuado. La esclavitud llegó a su fin en la mayor parte del planeta cuando incontables ciudadanos de bien comenzaron a encontrar intolerable dicha situación (y cuando algunos gobiernos comenzaron a percibir ese creciente malestar). Esos ciudadanos se tomaron el arduo trabajo de describir ante las grandes audiencias, a través de sus escritos y discursos y generando con ello un enorme sentimiento colectivo de vergüenza e incomodidad, las penosas condiciones de vida que sufrían los esclavos. Sin duda la difusión de las imágenes de la vida de un esclavo, de haber existido la fotografía y el cine, habría podido acelerar el largo y farragoso proceso de abolición. Por otra parte, las insoportables y cruentas imágenes de las guerras del siglo XX y XXI han conducido a una amplia proporción de la población mundial hacia el pacifismo. Qué duda cabe de que ya la guerra no está tan bien *vista* como antes.

Y ejemplos como estos podríamos encontrarlos a raudales. Hoy en día la omnipresencia de las cámaras y de los teléfonos móviles en prácticamente cualquier rincón del planeta (a excepción, por supuesto, de los mataderos) ha hecho no solo un poco más difícil la deleznable labor de los crueles, de los cobardes, de los malhechores y de muchos mandamases: también ha ayudado a despertar muchas conciencias adormecidas. Las terribles imágenes de la muerte por asfixia de George Floyd en el año 2020 hirieron las sensibilidades de millones de estadounidenses blancos que no se imaginaban, hasta ese momento, los peligros a los que se pueden enfrentar de forma cotidiana los ciudadanos afroamericanos en aquel país. Gracias a esa gran herida abierta en la sensibilidad colectiva de todo un país, hoy en día los policías estadounidenses se lo tienen que pensar un poco mejor antes de ejercer gratuitamente la brutalidad policial sobre cualquier sospechoso. Todo gracias a una grabación de 9 minutos en un teléfono móvil.Y es que seamos sinceros: la mayoría de las personas no tienen ni nunca han tenido demasiada imaginación, razón por la cual es necesario brindarles cierta información gráfica que, muy probablemente, pueda herir sus sentimientos. Para bien.

Tenemos que hablar sobre ciertas cosas. Con valentía. Con decisión. Sin vergüenza. No podemos seguir perdiendo más tiempo (no lo tenemos). Y tal vez la difusión de determinadas imágenes permita abrir y encauzar con cierta celeridad un debate que hasta ahora ha sido tabú: el consumo excesivo de carne está llevando al planeta y a la humanidad al borde del abismo.

Un último apunte ante de culminar esta larga introducción. El título del presente libro no fue, vaya perogrullada, escogido al azar. El término "Hecatombe" proviene del griego y quiere decir "sacrificio de cien reses". Los antiguos realizaban públicamente y cada cierto tiempo dicho ritual no solo para satisfacer la supuesta sed de sangre de sus dioses, sino también, y sobre todo, para infundir temor y respeto a la población. Debió de ser, sin lugar a dudas, un espectáculo pavoroso. Absolutamente aterrador. Imaginaos tales cotas de violencia extrema, los espesos y oscuros ríos de sangre corriendo por doquier, los ensordecedores mugidos de pánico y dolor, las decenas de cuerpos desmembrados... Tal espectáculo de horror propició que la palabra trascendiera hasta nuestros días preservando una connotación trágica ligada al más puro espanto. Hoy se la utiliza como sinónimo de matanza, de gran mortandad, de aniquilación, de exterminio. Es importante reincidir en la idea de que la Hecatombe se realizaba a puertas abiertas, para que así toda la comunidad pudiera ser testigo del horror (es de suponer que aquello infundía aún mayor temor reverencial hacia las siempre sedientas y sanguinarias divinidades). Es impensable que los griegos ni ninguna otra comunidad de la antigüedad, incluso habiendo sido curtidos en mil batallas, pudieran ser indiferentes ante tales imágenes, pues las mismas estaban dirigidas precisamente a provocar temor y desasosiego, y por ello tan solo se realizaban en fechas estrictamente acordadas. No es descartable, por lo demás, que tales rituales también estimularan el sentimiento colectivo de la compasión.

Hoy en día la Hecatombe se realiza a puertas cerradas. Y ya no se trata de cien reses. Millones de animales están siendo sacrificados cada día, cada hora, cada segundo, ahora mismo, aquí y en todos los países del planeta, las veinticuatro horas del día y los trescientos sesenta y cinco días del año. Ahora el espantoso espectáculo ya no infunde terror y mucho menos compasión a su alrededor (es decir, más allá de los desafortunados matarifes y demás trabajadores atormentados y mal pagados de los mataderos). Es un horror escondido, silenciado, invisibilizado. Es un horror desorbitado y constante cuyo único objetivo es brindar ininterrumpido placer a nuestros exquisitos paladares. ¿Qué pensarían los griegos de nosotros? ¿Qué pensarán de nosotros los humanos dentro de cincuenta, cien, doscientos años? ¿Habrá, para empezar, suficientes personas que puedan generar pensamientos piadosos?

Capítulo I
La Tierra llamando a Tierra
La industria cárnica y su enorme responsabilidad en relación al calentamiento global

Puro blablablá

En septiembre de 2021, la célebre activista Greta Thunberg pronunció un discurso que dio la vuelta al mundo. Con motivo de la Conferencia Juvenil sobre el Clima de la ONU celebrada en Milán, Greta afirmó ante las cámaras: "Reconstruir mejor blablablá...economía verde blablablá... emisiones cero para el 2050 blablablá... Eso es todo lo que oímos de nuestros llamados líderes. Palabras, palabras que suenan genial, pero que hasta ahora no han llevado a ninguna acción"(1).

Cuesta bastante no darle la razón, sobre todo tomando en cuenta que, a lo largo de las tres últimas décadas, ya se han celebrado nada menos que veintiocho Conferencias de las Naciones Unidas para el Cambio Climático. Y los resultados, como todos sabemos, no han podido ser más decepcionantes. No solo no se ha conseguido firmar un acuerdo global y creíble para reducir nuestra dependencia de los combustibles fósiles (tema central, por no decir prácticamente único, de este tipo de conferencias), sino que el consumo energético y las consecuentes emisiones de gases de efecto invernadero no han hecho más que incrementarse en los últimos años. Incluso se ha disparado nuevamente el consumo de fuentes energéticas altamente contaminantes, tales como el carbón, que pensábamos ya eran cosas del pasado. Esta palabrería huera tuvo, por ejemplo, un claro reflejo en la decisión del presidente Joe Biden de autorizar, en marzo del 2023, la extracción de petróleo en zonas hasta ese momento protegidas de Alaska, algo que contravino sus promesas electorales.

Y no es por criticar a la ya muy criticada Greta Thunberg, una valiente y brillante chica que debiera merecer todo nuestro respeto y admiración, pero resulta un tanto desconcertante la escasa presencia en sus discursos de dardos envenenados dirigidos en contra de la industria cárnica global, la cual ha sido calificada por el Programa de las Naciones Unidas para el Medio Ambiente como el "problema mundial más urgente"(2). En mayo de 2021, apenas unos meses antes de aquel discurso que acabamos de mencionar, Greta realizó una de las pocas intervenciones en las que hasta ahora ha abordado este controvertido tema. En un vídeo de poco más de 5 minutos publicado a través de las redes(3) y al cual, sin ninguna duda, no se le ha prestado suficiente atención, la activista afirma, entre otras cosas, que hasta el 75% de las enfermedades nuevas provienen de otros animales, todo ello debido a la destrucción de sus hábitats naturales y al trato que se les da en las granjas industriales. Y alerta: "la próxima pandemia podría ser mucho mucho peor". También suministra diversa información que solo podemos calificar como demoledora: el 83% de las tierras cultivables de todo el planeta se dedica al alimento del ganado, a pesar de que este apenas aporta el 18% de nuestras calorías; las tierras utilizadas para la producción de carne y lácteos son equivalentes a la suma de toda Norteamérica y Suramérica; si cambiamos a una dieta basada en plantas, podríamos ahorrar hasta 8 billones de toneladas de CO2 cada año y liberar en torno al 75% de las tierras que hoy en día se dedican al cultivo de alimentos; el 70% de todos los animales del planeta viven en granjas; y cada año se sacrifican más de 60 mil millones de animales terrestres (como ya indicamos en la introducción, esta cifra ha quedado bastante desactualizada, pues las más recientes estimaciones de la FAO elevan ese número por encima de los 92 mil millones). Y, para recalcar aún más su mensaje, cita unas palabras pronunciadas en febrero del 2022 por António Guterres, Secretario General de las Naciones Unidas: "Durante demasiado tiempo hemos estado librando una guerra absurda y suicida contra la Naturaleza".

No hay duda de que deberíamos agradecer mensajes tan reveladores y concisos como este. Lo que no tiene una explicación demasiado clara es por qué Greta Thunberg, en virtud de la información que maneja y tomando en cuenta, además, que ella misma es vegana, no insiste con mayor contundencia y, sobre todo, con mayor frecuencia en la divulgación de este tipo de mensajes (aunque, para ser justos, el hecho de que en aquel otro discurso no dedicara un "blablablá" a la reducción del consumo de carne lo que evidencia, en realidad, es que ni tan siquiera existe un "blablablá" institucional o colectivo en torno a ese ninguneado asunto). Bastante se ha hablado, por ejemplo, de la rotunda negativa de Greta a viajar en avión; muchísimo menos, en cambio, de su férrea oposición a probar un bocado de carne o un vaso de leche. La principal razón de tal laguna informativa la podemos encontrar en sus propios discursos. Y es que en la inmensa mayoría de sus intervenciones públicas parece haber un único objetivo: intentar reducir las emisiones provenientes de la industria energética y del transporte. Lo cual, qué duda cabe, ya la honra bastante.

Un silencio cómplice

En cualquier caso resulta una actitud, repetimos, bastante llamativa. Y algo muy parecido, esta vez en relación a Greenpeace, deben haber pensado Kip Andersen y Keegan Kuhn, los directores del documental Cowspiracy(4) que precisamente aborda la (a primera vista) incomprensible ausencia de información en torno a los estragos medioambientales ocasionados por la industria cárnica —de allí el título del film, el cual alude a una hipotética conspiración perpetrada por gobiernos, organizaciones y medios de comunicación—. Andersen pasa gran parte del metraje intentando, de manera infructuosa, contactar con algún alto responsable de la organización ambientalista para que le explique la extraña razón por la que Greenpeace, precisamente Greenpeace, no incluya el problema del consumo excesivo de carne en sus mensajes o boletines informativos. Es Michael Pollan, exitoso autor de varios libros relacionados con el tema de la alimentación, quien finalmente aporta en el documental una explicación plausible: "Son organizaciones que dependen de la gente y no es una idea popular. La mayoría de ellas viven de sus miembros. Tratan de tener el máximo número de socios que aportan cuotas. Y si se posicionan como enemigos de la carne, o hacen que la gente se cuestione sus hábitos, algo que a la gente le gusta tanto, sus ingresos podrían disminuir".

Explicación clara y concisa como pocas. En todo caso, y debido sin duda a la gran repercusión que obtuvo este documental producido por Leonardo DiCaprio en el 2014, los máximos responsables de Greenpeace acometieron un encomiable ajuste informativo y, desde hace algunos años, no solo han incluido el tema de la carne en sus portales de Internet, sino que además lo han hecho brindándole el espacio que justamente se merece. Así, por ejemplo, podemos ver que en el portal español la organización nos ofrece, de entrada, la siguiente estadística: "la ganadería y la agricultura ligada a la alimentación del ganado son responsables de una cuarta parte de las emisiones de gases de efecto invernadero y consumen el 70% del agua dulce del planeta". Y en un recuadro informativo dedicado a la situación en nuestro país, podemos leer textualmente: "En España, la ganadería industrial está creciendo de una forma desmesurada y totalmente descontrolada. Las consecuencias ya son visibles y nefastas. Muchos pueblos se quedan sin agua potable debido a la contaminación por nitratos. 67% de las emisiones directas de gases de efecto invernadero del sector agrícola son provocadas por la ganadería. 31% del metano emitido es responsabilidad del porcino industrial... y eso que el vacuno está exento de declarar sus emisiones. 94% de las emisiones de amoníaco generadas a nivel estatal son responsabilidad de la producción de cerdos, aves y huevos. 66% de la superficie cultivada se destina ya a producir alimentos para animales, no para las personas. Somos los campeones en el uso de antibióticos en la ganadería y en el 2020 se sacrificaron más de 1.700 animales por minuto. Un total de 910.959.880 animales, más que personas hay en toda la Unión Europea"(5).

Más de novecientos millones de animales cada año. Son datos aportados por el propio Ministerio de Agricultura, Pesca y Alimentación de España en el 2018(6). Esto representa casi 20 animales terrestres por cada ciudadano español (incluyendo vegetarianos). Son 2,5 millones de muertes al día, 104.000 cada hora, 1.700 por minuto. Durante el tiempo en que usted habrá dedicado a leer esta oración, habrán sido sacrificados unos 100 animales. Solo en nuestro país.

Rectificar es de sabios, así que hemos de darle la enhorabuena a Greenpeace por haber realizado este necesario enderezamiento de rumbo. Es de esperar que dicho volantazo no haya afectado en demasía la popularidad ni la financiación de la organización.

Los riesgos de atreverse a divulgar la verdad

Muy pocas felicitaciones, en cambio, recibió el ya mencionado ministro Garzón cuando se atrevió a simplemente difundir ciertos datos reales. En julio de 2021, Garzón publicó un vídeo(7), bastante semejante al de Thunberg y también de una duración similar, en el que igualmente exponía diversa información, relacionada con la realidad española, que aún sigue siendo desconocida para la inmensa mayoría de nuestra población: Según la Organización de las Naciones Unidas para la Alimentación y la Agricultura, España es el país que más carne consume en toda la Unión Europea, y la producción no ha hecho más que crecer en los últimos años; cada año se producen 7,6 millones de toneladas de carne y se sacrifican unos 70 millones de animales (está claro que aquí Garzón cometió un error de bulto y no incluyó en el cómputo ni a las aves, a pesar de nombrarlas, ni a los conejos, ya que únicamente estos dos rubros aportan más de 840 millones de animales sacrificados en nuestro país, una cifra que permitiría hacer coincidir el total señalado por el propio Ministerio español de Agricultura, Pesca y Alimentación: alrededor de 910 millones de sacrificios durante el 2020(8)); el vídeo también menciona las alertas, divulgadas por la Organización Mundial de la Salud, en relación a los riesgos (infartos, diabetes y otros tipos de enfermedades) que puede traer consigo el consumo excesivo de carne; y finalmente enumera una serie de datos que, está claro, aún no se han repetido las veces suficientes ni difundido con eficacia: las flatulencias de las vacas y las heces de los cerdos generan más contaminación que la de los coches; la ganadería a nivel mundial representa ya el 14,5% de las emisiones de los gases de efecto invernadero; cada kilo de carne de vaca requiere 15.000 litros de agua; un consumo moderado podría reducir hasta un 50% el nivel de emisiones de gases, y hasta un 20% el nivel de muertes prematuras ligadas a dicho consumo.

Tal como ya apuntamos, el previsible aluvión de protestas y exigencias de dimisión por parte del sector cárnico y de los líderes de la oposición (con Pablo Casado, presidente del Partido Popular en ese momento, a la cabeza desde una idílica granja de pocas dimensiones y al aire libre) no tardó en arreciar. Las razones del monumental enfado son totalmente lógicas y comprensibles. La industria cárnica española es un poderosísimo sector que mueve cada año miles de millones de euros, por lo que hay demasiados intereses en juego. Tras cerrar un deslumbrante año 2022 plagado de éxitos, la propia Asociación de Industrias de la Carne de España (ANICE) afirmó con visible orgullo a través de su portal: "La industria cárnica española ocupa con diferencia el primer lugar de toda la industria española de alimentos y bebidas, con una cifra de negocio de 31.031 millones de euros, el 28,4% de todo el sector alimentario español. Poniendo en contexto esta dimensión con el conjunto de la industria española, esta cifra de negocio supone el 2,57% del PIB total español, el 16,79% del PIB de la rama industrial y el 5,14% de la facturación total de toda la industria española. Además, hay que añadir que el empleo sectorial directo de nuestras empresas, 109.334 trabajadores, representa ya el 29,7% de la ocupación total de la industria alimentaria española"(9).

Qué duda cabe de que la industria cárnica española exhibe una salud de hierro. Por desgracia, no se puede decir lo mismo de los hábitats y entornos naturales que se han visto afectados por su crecimiento incontrolado. Y mucho menos de la salud de quienes, cada vez en mayor número, se exceden con el consumo de carne(10). Según datos aportados por la FAO, los españoles consumían una media de 21,8 kilos de carne al año en 1961 (fecha en que esta división de las Naciones Unidas comenzó a recopilar dicha información). Sesenta años más tarde, esta cifra se ha más que cuadruplicado, alcanzando a día de hoy el escandaloso número de 94 kilos per cápita(11), más del doble que la media mundial. Eso quiere decir que un español promedio consume cerca de dos kilos de carne cada semana. Y eso sin contar pescados y mariscos.

Una dinámica global

No es España, por supuesto, un caso aislado en el mundo. El consumo global de carne se ha duplicado en tan solo treinta años(12).

Así es, se ha multiplicado por dos a lo largo de estas últimas tres décadas en las que las señales de alarma han comenzado a encenderse en cada rincón del planeta. ¿Alguien más percibe cierta conexión? Por si esto no fuera lo suficientemente desalentador, la FAO predijo en el 2011 que dicho consumo se habrá incrementado en un 73% en el 2050(13).

También ha de tenerse en cuenta el vertiginoso aumento de la población mundial a lo largo de poco más de un siglo, algo que, por supuesto, ha incidido en el incremento desmedido del consumo de carne. La curva de crecimiento, sobre todo a partir de la década de los sesenta del siglo pasado, ha sido sencillamente espectacular, gracias en gran medida a los avances en la sanidad. En 1900 apenas había 1.600 millones de seres humanos en el planeta (debieron transcurrir 300.000 años para que el homo sapiens alcanzase esa cifra). En 1960 ya había 3 mil millones. Cuarenta años más tarde, a finales del siglo XX, habíamos llegado a los 6.000 millones. Se dice que el 15 de noviembre del 2022 alcanzamos la cifra de 8.000 millones, y se estima que para el 2050 seremos unos 9.500 millones. Es decir, en solo siglo y medio la población se habrá sextuplicado.

Por otra parte, y a pesar de la impresión apocalíptica que nos han dejado tantas crisis globales consecutivas, millones de personas han dejado atrás la pobreza en numerosas zonas del globo a lo largo de las últimas décadas. Y una de las primeras cosas que hace un individuo al aliviar las penurias económicas es aumentar considerablemente su ingesta de carne (¿y quién podría culparlo?). De modo que estamos ante una situación un tanto paradójica: algo que debería causarnos satisfacción, esto es, la disminución global del hambre y de las tasas de pobreza, representa una seria amenaza para la supervivencia del planeta y, por tanto, para nosotros mismos. La organización World Wide Fund ha estimado que si todos viviéramos como un estadounidense necesitaríamos 5 planetas al año para cubrir nuestras demandas de recursos naturales (entre ellos los cárnicos). Y si viviéramos como un ciudadano español necesitaríamos casi tres. El promedio global indica que actualmente necesitamos cerca de dos planetas Tierra (1,75) para satisfacer el ritmo de nuestro consumo voraz(14). De más está decir que el objetivo de este libro no es defender el destructivo y muy egoísta estilo de vida estadounidense, europeo, australiano y similares en detrimento de las legítimas aspiraciones de los millones de desheredados del planeta. Tan solo deseo señalar que todo lo que tenga que ver con la superpoblación mundial y su desbocado aumento, sobre todo en países en vías de desarrollo, son temas prácticamente tabúes a los cuales, y de forma similar a lo que ocurre con el consumo de carne, es preferible esquivar para no herir sensibilidades ni generar animadversiones.

En cualquier caso, el ritmo de producción cárnica global no ha hecho más que acelerarse debido, en cierta medida, al consumo insaciable procedente de China y de su creciente clase media, la cual aspira a disfrutar de los mismos estándares (y los mismos apetitos) que los de los afortunados ciudadanos del Primer Mundo. Tal como señala Martín Caparrós en su monumental libro *El Hambre*(15), "en 1989 los chinos comían, en promedio, 14 kilos de carne por persona y por año; ahora, unos 55". Es decir, el consumo se ha cuadruplicado en apenas poco más de tres décadas. Y todo indica que el ritmo seguirá aumentando.

De hecho, gran parte del fulgurante éxito de la industria cárnica española se la debemos al inagotable apetito de cerdo por parte de cientos de millones de ciudadanos chinos. España se ha convertido recientemente en el principal suministrador de carne de porcino del gigante asiático. Prueba de ello fue la exportación a aquel país, durante el año 2020, de 1.207.456 toneladas de dicho producto por valor de 2.881 millones de euros(16). Lamentablemente, son los suelos españoles, cada vez más desérticos a causa de los ya habituales y prolongados períodos de sequía que afectan a prácticamente todo el territorio nacional (se necesitan alrededor de 6.000 litros de agua para producir tan solo un kilo de carne de cerdo… saque usted las cuentas), son los maltratados y contaminados suelos españoles, decía, los que en última instancia han de pagar la gravosa factura por tan opíparo éxtasis gastronómico al otro lado del mundo. Por fortuna para la Tierra (y para desgracia del cada vez más reducido y multimillonario club de dueños de las macrogranjas españolas), gran parte de los ciudadanos de la India, país recientemente convertido en el más populoso del planeta, no están por la labor, debido a sus convicciones religiosas-animalistas, de sumarse al festín infinito.

Los daños económicos ya son cuantificables

Es bastante comprensible, por tanto, la enorme preocupación que exhiben los empresarios españoles del sector cárnico, así como incontables líderes políticos, ante la posible publicación de una serie de datos y estadísticas que, de ser eficientemente divulgados (y está claro que gobiernos y medios de comunicación no están haciendo bien su trabajo), amenazaría demasiados intereses económicos. Y es que si hay algo que siempre ha caracterizado a la inmensa mayoría de los máximos representantes gubernamentales son sus estrechas miras cortoplacistas, las cuales suelen estar enfocadas únicamente sobre las próximas elecciones de turno. Porque si realmente poseyeran la virtud o la inquietud de velar por los intereses colectivos a mediano o largo plazo, se darían cuenta con facilidad —y es incluso posible que algunos lo hagan, solo que no está en sus agendas o simplemente no les importa— de que el daño que implica seguir mirando para otro lado es ya muchísimo más costoso, para la economía en general, que tomar ciertas medidas que son urgentes e inaplazables.

Y es que no solo se trata de la práctica imposibilidad de llevar una vida relativamente normal en ciertos períodos del año a causa de las altísimas temperaturas, los cada vez más frecuentes y destructivos incendios y las intempestivas borrascas y tormentas que asolan con cada vez mayor asiduidad todo el territorio nacional. Todo ello, además, está teniendo un lógico y perjudicial impacto en muchas actividades económicas, principalmente relacionadas con la agricultura.

El daño es ya fácilmente perceptible e incluso cuantificable. La prolongada sequía que afecta a gran parte del país está contribuyendo en enorme medida a la escalada inflacionista en numerosos rubros alimenticios. Según cifras aportadas por el Instituto Nacional de Estadística, en marzo del 2023 los alimentos se habían encarecido un 16,5% con respecto al mismo mes del año anterior, en buena parte debido a las adversas condiciones climatológicas(17). Tal como se desprende de un artículo publicado en El País a mediados de abril del 2023, "la sequía asfixia ya al 60% del campo español y produce pérdidas irreversibles en más de 3,5 millones de hectáreas de cereales de secano(...). Se dan casi por perdidas las cosechas de trigos y cebadas en Andalucía, Extremadura, Castilla-La Mancha y Murcia, y en las zonas más áridas de Aragón, Cataluña y Castilla y León"(18).

El caso particular de Cataluña es bastante ilustrativo. Ciertas zonas de esta comunidad son de las pocas en toda Europa capaces de brindar dos cosechas anuales de maíz y soja, precisamente los componentes esenciales en la elaboración del pienso para el ganado y cuyos cultivos no cesan de aumentar exponencialmente cada año en incontables regiones del planeta. Sin embargo, la persistente sequía impidió, por primera vez en muchos años, realizar la segunda cosecha de estos productos durante el otoño del 2023, ocasionando un impacto negativo estimado en 70 millones de euros(20). A mediados de abril de ese mismo año, los agricultores ya dieron por perdido el 90% de los cereales cultivados, en especial el maíz. Tal como afirmó en su momento uno de los agricultores afectados, aquello "va a cobrar una cara factura en los próximos meses, pues si Cataluña no ha cultivado cereal, habrá que importar ese producto para la fabricación de piensos". Lo cual, lógicamente, repercute negativamente en los precios de toda la cadena de suministros, afectando entremedias a los ganaderos y finalmente al consumidor(19). Por desgracia, cada vez va quedando más lejano en el tiempo aquel viejo refrán que rezaba "En abril, aguas mil".

Un planeta enfermo

Valdría la pena agregar, por cierto, que este episodio coincidió, con escasos días de diferencia, con las peores olas de calor registradas jamás en Asia durante un mes de abril, temperaturas que, en ciertas zonas del sureste asiático, superaron los 44 grados centígrados(20). Repito una vez más: ¡en abril!

Y apenas unos días más tarde, esto es, el 21 de abril, la Organización Meteorológica Mundial publicó su informe anual sobre el clima en el planeta, el cual, como era de esperarse, no podía ser más desalentador(21). La publicación constata que los últimos ocho años han sido los más cálidos registrados en la Tierra desde que, en 1850, comenzaron a realizarse este tipo de mediciones, siendo el verano del 2022 el más cálido del que se tenía constancia (récord que poco después quedaría nuevamente pulverizado por el infernal verano del 2023... y así sucesivamente). La temperatura media mundial a lo largo del 2022 fue de 1,15 grados más cálida que el promedio del período comprendido entre 1850 y 1900. Por su parte, la presencia en la atmósfera de los tres principales gases de efecto invernadero (dióxido de carbono, metano y óxido nitroso) detectada en el 2021 —último año del que se tienen informes— es la más alta encontrada hasta el día de hoy. Debemos destacar, por cierto, que el ganado es el principal emisor mundial tanto del metano(22) como del óxido nitroso(23).

Por otra parte, los glaciares en todo el mundo y el hielo marino que conforma la Antártida alcanzaron en el 2022 el nivel más bajo desde que hay registros válidos. Lo cual, a su vez, ha ocasionado que la "tasa de aumento del nivel medio del mar a escala mundial se haya duplicado entre el primer decenio del registro satelital (1993-2002, 2,27 milímetros al año) y el último (2012-2022, 4,62 milímetros al año)". Por último, y todo ello relacionado con los datos aportados por dicho informe (incremento de las temperaturas, largos períodos de sequía a escala global, aumento del nivel del mar, acidificación de los océanos, desertificación planetaria... y pare usted de contar), la OMM informa que aproximadamente 2.300 millones de seres humanos (es decir, poco menos de un tercio de toda la población mundial) se encontraban en situación de inseguridad alimentaria en el 2021 —resulta sumamente improbable que la situación haya mejorado desde entonces—. Si esto no es lo más parecido a una película sobre el final del mundo de las que tanto abundan en las salas de cine, pues ya me diréis entonces qué imagen tenéis vosotros sobre el apocalipsis medioambiental. ¿En qué momento con exactitud diremos todos al unísono y creyéndolo con sinceridad: "tenemos un grave problema y algo hay que hacer"?¿Tendrá que entrar de pronto un mini volcán en erupción en medio de la Puerta del Sol para que finalmente exclamemos perplejos: "vaya, la cosa se ha puesto realmente fea"?

Es, por cierto, sumamente llamativo que los negacionistas del cambio climático denuncien una especie de confabulación por parte de los poderes y de los medios de comunicación para, gracias a una maléfica agenda oculta, supuestamente forzarnos a hacer... ¡¿hacer exactamente qué?! ¿A qué nos están obligando? ¿En teoría adónde nos querrían llevar? Y es que la principal demostración de que el calentamiento global es una realidad y no otra conspiración más es precisamente el hecho de que los gobiernos estén completamente absortos y de brazos cruzados. En todo caso, de existir algún tipo de conspiración, se trataría más bien del consenso tácito entre gobiernos, empresas y medios de comunicación para que permanezcamos ignorantes y pasivos ante los estragos de la industria cárnica global.

Por su parte, la Unión Europea, siempre alerta ante los desmanes causados por el cambio climático (lo de "alerta" es irónico, de más está decir), se ha propuesto ser "climáticamente neutra" de aquí al 2050 (¿cuánto de verdaderamente salvable quedará de aquí a un cuarto de siglo?), al tiempo que espera haber reducido en un 55% las emisiones de gases de efecto invernadero para el 2030(24). Si dichos gases no han hecho más que aumentar año tras año hasta el día de hoy, ¿en qué momento exacto espera la UE iniciar esa urgente reducción? ¿En diciembre del 2029? Por otra parte, Bruselas aspira a producir únicamente coches eléctricos a partir del 2035(25). Muy bien, demos la enhorabuena a tan loables y necesarios proyectos. Y… por cierto, ¿qué hay de la industria cárnica, la cual, como ya se ha señalado en más de una ocasión, emite más gases de efecto invernadero que todo el transporte junto y es la principal responsable del consumo de agua potable, de la deforestación y del consecuente proceso de desertificación a nivel global? ¿Es acaso posible encarar el enorme reto del cambio climático sin abordar, ni tan siquiera *mencionar*, a la industria cárnica? Al menos cierto "blablablá" podría ser un buen punto de partida.

No, de eso prácticamente no se menciona ni una palabra, no vaya a ser que el desinterés o directamente la antipatía de los ciudadanos hacia la Unión Europea se incremente algunos puntos porcentuales más. Y no solo no se dice ni pío, sino que además aumentan año tras año las subvenciones comunitarias a una industria que es cada vez más deficitaria(26). Incluso se da la enorme paradoja de que Bruselas está brindando generosas ayudas financieras a los gremios afectados por la sequía, entre ellos los sectores ganaderos y agrícolas ligados a la alimentación animal que han sido y siguen siendo los principales responsables de la escasez de agua. Aquello es lo más parecido a financiar a fondo perdido la reconstrucción de la casa del pirómano que la incendió llevándose consigo a todo el vecindario. Y de paso a sabiendas de que volverá a hacerlo una y otra vez.

Es evidente que, sin esas ayudas millonarias, el valor del kilo de carne en Europa y en Estados Unidos, hasta ahora totalmente artificiales, se ajustaría al valor real en el mercado internacional. Aquello, al tiempo que permitiría competir en igualdad de condiciones a los productores de los países en vías de desarrollo (así como mejorar la vida de millones de personas en tales regiones), obligaría a los ciudadanos europeos y estadounidenses a pagar más dinero por la carne. A pensárselo un poco mejor. Lo cual, lógicamente, haría disminuir dicho consumo (una vez más: ¿realmente necesitamos consumir tanta carne?). Nuestro clima y nuestros suelos se verían prontamente recompensados. Pero ya sabemos que en política nada hay que importe más que los votos. ¿Calentamiento global? Así es, mi querida Greta, puro "blablablá".

La agonía de los ríos

Sigamos un poco más con esta improvisada bitácora (y pronto nos detendremos, pues de seguir registrando en tiempo real, a medida que escribimos, los catastróficos récords que se suceden semana a semana no terminaremos nunca este trabajo): apenas unos días más tarde, es decir, a principios del también calurosísimo mes de mayo, la Agencia Española de Meteorología tomó el relevo de la Organización Meteorológica Mundial y publicó un informe destacando que el mes de abril del 2023 había sido el más caluroso y seco en nuestro país desde que, en 1961, se iniciaron este tipo de mediciones(27). Las temperaturas máximas medias fueron de 4,7° C por encima del valor normal. El 27 de abril, la ciudad de Córdoba se apuntó el triste honor de haber registrado la temperatura histórica más alta para dicho mes en todo el continente europeo: 38,8 grados(28). Por esos días también fuimos testigos de otro récord absoluto que no llenó a nadie de orgullo: el río Ebro hizo historia a su paso por Zaragoza al exhibir el caudal más bajo desde que hay registros(29). Tomando en cuenta que se trata del río más caudaloso de España, causa repelús tan solo imaginar el estado de las demás vías fluviales de nuestro ya casi desértico país.

Hay, por supuesto, ejemplos mucho más dramáticos en el mundo relacionados con la agonía de los grandes ríos. Quizá el caso más paradigmático en estos momentos, debido a las enormes proporciones, sea el del río Colorado, el segundo en importancia en Estados Unidos tras el Misisipi. El Colorado, cuyo cauce transita por cinco estados de aquel país y por dos de México, también se encuentra en mínimos históricos. La situación, como en muchas otras partes del planeta, es verdaderamente trágica. A mediados de mayo de este 2023, la Administración Biden aprobó unas ayudas multimillonarias destinadas a los estados afectados, así como un plan para reducir el consumo de agua. Sobre lo que se pasó de puntillas, y apenas ameritó en el New York Times un discreto artículo secundario (no fuera a suceder que muchos suscriptores se sintieran indirectamente señalados), fue precisamente la causa principal de la sequedad del río. Adivinad. ¡Bingo!: la industria cárnica. El artículo en cuestión llevaba por título *El río Colorado se está reduciendo. Vea lo que está usando toda el agua*(30). Y como subtítulo introductorio se puede leer: *Pista: tiene que ver menos con las duchas y más con lo que hay para cenar*. A continuación, la periodista procedía a explicar que "la mayor parte del agua en la cuenca del río Colorado, más de mil millones de galones, se usa para cultivar alimentos para el ganado, lo que conecta la crisis de agua de la región con la cantidad de lácteos y carne que comemos".

De modo que Joe Biden, además de inundar los estados con miles de millones de dólares en necesarias ayudas y de pedir a los ciudadanos que por favor no dejen tanto tiempo el grifo abierto, también habría podido sugerir a la población estadounidense hacer el esfuerzo por reducir los monstruosos 119 kilos de carne de consumo anual per cápita(31). Pero por supuesto aquello es inimaginable: Estados Unidos es uno de esos tantos países que se encuentran constantemente sumergidos en una eterna campaña electoral, así que a Biden habría podido caerle encima un chaparrón muchísimo peor que el que tuvo que soportar nuestro atribulado Alberto Garzón.

Las penurias económicas del campo

Por último, aquel devastador informe español del que hablábamos un par de párrafos atrás también coincidió con una ristra de noticias que alertaban, una vez más, sobre la ruina económica a la que se ve abocada la industria agrícola en nuestro país, sobre todo aquellos sectores dedicados al cultivo de la soja y el maíz con los que se elaboran los alimentos para el ganado(32). Incidamos una vez más en ello: resulta tristemente irónico (aunque también hay una triste justicia poética en ello) que aquellos gigantescos sembradíos que más contribuyen a acelerar el calentamiento global y la sequía se cuenten precisamente entre los que más sufren las consecuencias derivadas de tales procesos. Por desgracia, cultivos justos han de pagar por pecadores.

Pero al parecer son muy pocos los agricultores (y mucho menos los políticos) que se atreven a llamar la atención sobre este pernicioso ciclo sin fin. Aquí se corrobora aquel célebre axioma, anotado por Upton Sinclar, según el cual "es difícil hacer que un hombre entienda algo cuando su salario depende de que no lo entienda". Existe, empero, la esperanza de que a medida que los salarios se vayan deteriorando muchas personas comiencen a entender. Primero se deteriorarán los salarios de los agricultores, más tarde el de los compradores de supermercados. Ya está ocurriendo. A más largo plazo (demasiado largo), es posible que se deterioren los votos de los políticos. Tal vez ese sea el momento que propicie una gran comprensión colectiva.

¿Cuántas más señales ha de enviarnos el clima (entiéndase el planeta, un organismo vivo, sensible y homeostático como cualquier otro) para que finalmente comprendamos que hemos quebrado el equilibrio que tantos millones de años costó alcanzar y preservar? ¿Para que al fin entendamos que no hay más remedio que intentar restaurar, de un modo urgente y, sobre todo, verdadero y honesto, ese frágil balance? ¿Que no puede existir equilibrio (siento que es una obviedad decirlo) mientras haya una única especie que, además de sobrepoblar el planeta, devora anualmente miles de millones de animales que a su vez consumen los limitados recursos de la Tierra?

Sin embargo, todo parece indicar que ciertos salarios tardarán bastante en deteriorarse (y debo apresurarme a señalar que no estoy deseándole ningún mal a nadie, pero lamentablemente cierta comprensión, o más bien aceptación, tal vez tenga que venir aparejada de numerosos percances económicos de considerable cuantía). El gobierno español, sensible ante las penurias y preocupaciones de los trabajadores del campo (y sobre todo tomando en cuenta que en el 2023 había cita electoral), no dudó en aprobar, a principios de mayo y de un modo similar al de la Unión Europea y la Administración Biden, ayudas directas del Estado por valor de 636 millones de euros para apoyar a los agricultores y ganaderos ante los estragos de la sequía(33).

Nada que objetar en relación a estos subsidios. Salvo que dichas ayudas también habrían podido estar acompañadas de cierto cuestionamiento en torno a las malas prácticas del sector primario (algo totalmente impensable, por supuesto, durante el larguísimo período electoral… pero también impensable en cualquier otro momento). Según datos aportados por la redimida organización Greenpeace, "en España el sector pecuario consume anualmente lo equivalente a lo que consumirían todos los hogares españoles durante más de 21 años, más de 48.000 millones de metros cúbicos de agua"(34). Tomando en cuenta que la agricultura en nuestro país consume más del 80% de toda el agua potable disponible(35)—la media mundial se sitúa en torno al 70%(36)—, y que gran parte de ese preciado y cada vez más escaso recurso se destina a los cultivos con los que se alimenta el ganado (un tercio del total de agua(37)), no vendría nada mal dejar de ir poniendo parches que no resuelven nada y en cambio encarar con valentía y honestidad este peliagudo asunto.

Mirando para otro lado

Tampoco lo hacen, como hemos señalado, los medios de comunicación. Citemos tan solo un par de ejemplos entre tantísimos: el periódico El País, un medio que demostró bastante sensibilidad ante el aluvión de malas noticias a lo largo de esta calurosísima primavera (¿llegará acaso el momento en que dejemos de llamar "primavera" a la primavera?), publicó en su edición dominical del 14 de mayo de 2023 un amplio reportaje especial titulado *La crisis hídrica redefine la economía mundial.* El subtítulo rezaba: *El mundo camina hacia una guerra económica para controlar el agua*(38). Muy bien, poco que objetar una vez más. No es nada desdeñable que los estragos del cambio climático comiencen a ocupar las columnas de los principales periódicos con cierta frecuencia. Y entre los múltiples datos esgrimidos en el reportaje, debemos resaltar los siguientes aportados por Tania Strauss, directora de Alimentación y Agua del Foro Económico Europeo: "En 2020, las consecuencias económicas de la inacción se estimaban en más de 300.000 millones de dólares. Mientras prevenir vale cinco veces menos, unos 55.000 millones".

Son, sin duda, datos bastante ilustrativos de lo que venimos afirmando. Sin embargo, también sorprende —sorprender es un decir— que entre la miríada de soluciones y propuestas que se ofrecen (desde aumentar el precio del agua hasta un innovador proyecto, auspiciado por el actor Matt Damon, para que las poblaciones rurales más pobres tengan acceso a este recurso) ni tan siquiera se mencione al principal responsable de la desertificación y la deforestación planetarias: la industria cárnica global. Entre tantos proyectos innovadores, ¿a nadie se le ocurre sugerir uno bastante sencillo y asequible: comer menos carne? Una vez más: ¿quiénes finalmente se atreverán, desde las atalayas del poder político y mediático, a señalar que "el Rey está desnudo"?

Unos pocos meses antes, ese mismo periódico publicó un reportaje en el que se cuestionaban las acciones, tildadas de "radicales" por el propio periodista (pegarse a los marcos de las *majas* de Goya, cortar autopistas, intentar amarrarse a la tribuna del Congreso), que han sido ejecutadas por los miembros de algunas organizaciones animalistas y ecologistas en nuestro país, en especial "Futuro Vegetal"(39). El reportero, además de poner en entredicho la idoneidad de tales acciones (me pregunto: ¿cuáles serían según él las adecuadas y aceptables para llamar la atención de la adormecida ciudadanía?), parece reprender a los entrevistados: "Si lo que piden es luchar contra el calentamiento global, ¿por qué este énfasis en la industria cárnica? Según el Inventario de Emisiones Español (2020), agricultura y ganadería juntas *tan solo* son responsables del 14% de las emisiones de gases de efecto invernadero" (las cursivas son mías).

Más allá de que estos últimos datos aportados son sumamente cuestionables, puesto que las propias Naciones Unidas han estimado en un 14,5% el porcentaje correspondiente a los gases emitidos *únicamente* por el sector ganadero (y sería bastante extraño que España, uno de los principales países productores, consumidores y exportadores de carne, estuviera por debajo de la media mundial), habría que preguntarse por qué tales cifras le parecen al entrevistador tan irrelevantes como para que ameriten cualquier clase de acto "vandálico". Y en cuanto a esto último, cito las palabras, vertidas apenas unos días antes en ese mismo periódico, del historiador y novelista Philip Bloom en relación a este tipo de denostadas acciones: "¿Cuál es el comportamiento apropiado en un mundo demencial ante una situación desesperada? ¿Qué es lo normal cuando el mundo se ha vuelto loco?”(40). Bloom también nos recuerda que las sufragistas, a inicios del siglo XX, pedían el derecho al voto atacando igualmente las obras de arte. Pero en lugar de hacerlo con sopa, lo hacían con hachas. También fueron objeto de burlas y vilmente denigradas. Y con el tiempo obtuvieron su recompensa.

Por último, solo quiero dejar constancia de que si he citado en varias ocasiones los artículos de El País —periódico del que soy asiduo lector desde hace más de tres décadas— es precisamente por tratarse, además del diario de mayor tirada a nivel nacional (a excepción de los deportivos, claro), de un medio con claras inclinaciones progresistas. De modo que si un diario progresista, y por tanto teóricamente atento y sensible a las diversas inquietudes medioambientalistas, asume esta postura (o esta indiferencia, o esta ceguera) ante el grave problema que estamos abordando, ¿qué quedará entonces para el resto de los medios españoles de gran tirada y escorados más hacia la derecha en el amplio espectro político e ideológico? Si de los medios progresistas no esperamos gran cosa en relación a este asunto, de los conservadores sencillamente no se puede aguardar nada.

Nota: la gran mayoría de los datos aportados en las páginas precedentes fueron recopilados durante un lapso, entre abril y mayo del 2023, no mayor de mes y medio. Tan solo nos han servido de ejemplo y transitorio faro de guía. Llegados a este punto, resulta sencillamente escalofriante preguntarse qué otras calamidades seguirán deparándonos las semanas, meses y años por venir. Y aún nos encontramos, al momento de escribir estas líneas, a las puertas del verano de este aciago 2023. Pero hasta aquí hemos llegado con este breve recuento lineal de registros. Avancemos.

La codicia del sector empresarial

Resulta también una perogrullada, lamentablemente, afirmar que esta terrible crisis medioambiental, tanto en España como en el resto del planeta, no hará más que intensificarse en los próximos años, toda vez que las autoridades gubernamentales no solo no hacen nada por intentar revertir la situación, sino que además parecieran querer añadir con extrema irresponsabilidad aún más leña al fuego (literalmente, por desgracia). Y si alguien alberga alguna duda, solo basta con observar la actitud no únicamente displicente, sino incluso calificable como "pirómana", con la que los gobiernos regionales en nuestro país están encarando desastres ecológicos como los del parque andaluz de Doñana o del Mar Menor murciano.

Pero no debemos descargar toda la responsabilidad en los siempre irresponsables líderes políticos. Además de la sempiterna indolencia o bendita ignorancia que aqueja a gran parte de la ciudadanía (son legión quienes no dudan en expresar públicamente su alborozo ante la progresiva sustitución de una moribunda primavera por el cada vez más longevo período estival), también debemos tomar muy en cuenta la desmedida avaricia de ciertos sectores del tejido empresarial privado. La muy calurosa primavera de este dramático 2023 también ha sido testigo del aumento espectacular en el número de incendios en diversas zonas del territorio español (aumento que, ya siendo habitual, genera poco a poco cada vez menos asombro y consternación). Y, tal como han asegurado algunas autoridades políticas (sobre todo en Asturias, la comunidad más afectada en esta ocasión), la gran mayoría de estos "megaincendios" fueron intencionados. ¿El objetivo principal?: la generación de más pastos y cultivos que luego puedan servir de alimento para el siempre creciente número de cabezas de ganado (todo parece indicar que el aumento del consumo per cápita de carne en nuestro país aún tiene mucho camino por recorrer). Se estima que en torno al 80% de los incendios en esta comunidad autónoma, los cuales arrasaron unas 11.000 hectáreas durante más de diez largos días de fuego incontrolado, tuvieron como motivación la generación de pastos(41).

No es, por supuesto, un fenómeno exclusivo de España. Otras muchas regiones del planeta están experimentando en carne propia (nunca mejor dicho) esta preocupante dinámica, incluso en proporciones mucho más aterradoras. Durante el primer trimestre del 2023, Chile debió enfrentarse a las peores olas de incendios en más de una década. Cerca de 300.000 hectáreas fueron devoradas por las llamas. El cada vez más intenso calor veraniego austral se alió con las deleznables intenciones de quienes, una vez más, intentan "limpiar" amplios territorios para dedicarlos al cultivo del maíz y sobre todo la soja con los que se elaboran los piensos. Se estima que en torno al 41% de los incendios en la región del Biobío (una de las zonas del territorio chileno en las que más se siembra soja) fueron provocados(42). Debemos tomar en cuenta que más de tres cuartas partes de toda la soja que se cultiva en el planeta se destina a la alimentación del ganado(43), mientras que aproximadamente el 80% de la deforestación mundial tiene como objetivo despejar tierras que luego servirán para el forraje y el pastoreo(44).

Y lo más preocupante de toda esta situación es que se genera un perverso círculo vicioso que muchos científicos han denominado "retroalimentación positiva" del cambio climático: las altísimas temperaturas generadas por el calentamiento global, aunadas a los cada vez más frecuentes y mortíferos incendios (intencionados o no), crean amplias regiones desérticas o dedicadas a cultivos y zonas de pastoreo que absorben enormes cantidades de agua(45). Dicha destrucción, además de contribuir, lógicamente, a la creciente escasez de agua potable en todo el planeta, libera ingentes cantidades de dióxido de carbono, metano y demás gases de efecto invernadero a la atmósfera, todo lo cual, a su vez, contribuye a incrementar aún más las temperaturas. Y así de vuelta a empezar. Y mientras tanto, nuestro consumo mundial de carne no cesa de aumentar año tras año. ¿Pero quién desea sentarse a hablar seriamente sobre el asunto?

El pulmón del planeta herido de muerte

Sin embargo, si hay alguna región del globo donde esta tragedia está alcanzando dimensiones que solo podemos calificar como "bíblicas", esa es por supuesto la Amazonía. Tal como nos informa, una vez más, el portal convenientemente actualizado de Greenpeace, "desde 1970 se ha perdido solo en Brasil una superficie forestal más grande que toda Francia. La ganadería ha sido la responsable de la mayoría de esta deforestación"(46). Y es que esta industria es la causante de nada menos que el 91% de la destrucción de la región de la Amazonía(47), una zona extremadamente vital para la salud de todo el planeta. Según la revista Nature, en los últimos 50 años se ha perdido aproximadamente el 17% de la masa forestal(48). Tan solo entre el año 2021 y el 2022 la región amazónica brasileña perdió 8.712 kilómetros cuadrados de selva (la misma superficie de toda la isla de Córcega), el segundo peor dato de los últimos 13 años. Se estima que, desde el 2020, se han estado destruyendo, cada minuto, zonas selváticas correspondientes a dos campos de fútbol(49). Repitámoslo: dos campos de fútbol cada minuto. Minutos, horas, días, meses, años...

Según estimaciones aportadas por el propio Ministerio de Agricultura brasileño, la producción total de carne durante el ejercicio 2020/21 fue de 28,5 millones de toneladas, siendo la proyección para el final de esta década de 35 millones de toneladas de carne de pollo, vacuno y cerdo(50). "Esta variación entre el año inicial de proyección y el final resulta en un aumento de la producción del 23%". En apenas una década. Y es que Brasil se convirtió, en el 2018, en el mayor exportador de carne vacuna del planeta(51). Y según el Departamento de Agricultura de los Estados Unidos, en el 2031 será el primer exportador de carne de pollo. En cuanto al cerdo, ocupará ese año un honroso tercer lugar, solo por detrás de la Unión Europea —con España como orgulloso cabecilla— y de Estados Unidos.

Brindemos unos cuantos números más para ilustrar el irreparable desastre del que todos, de alguna manera, somos responsables: de acuerdo a las cifras suministradas por Amnistía Internacional, en 2018 había en Brasil 215 millones de cabezas de ganado(52) —en 2021 esa cifra alcanzó los 224,6 millones(53)— pastando a lo largo y ancho de 162 millones de hectáreas (casi el 20% de toda la superficie del gigante suramericano). De ese total de animales, unos 90 millones se encuentran en la Amazonía brasileña. Una hectárea equivale a algo más de un campo de fútbol promedio (para que nos entendamos una vez más), de modo que estamos hablando de al menos *162 millones de campos de fútbol* ocupados por la industria ganadera en todo el país.

Es, por cierto, particularmente obsceno el hecho de que Brasil se haya transformado en la mayor granja del planeta mientras 33 millones de brasileños (el 16% de la población) pasa hambre, según una encuesta divulgada en junio del 2022(54).

Pero la gigantesca y acelerada deforestación de la Amazonía brasileña, históricamente considerada como el gran pulmón del planeta, no se debe únicamente a la destrucción de las zonas selváticas para crear pastizales en los que millones de cabezas de ganado puedan vivir y alimentarse. También obedece, en gran medida, al aumento exponencial de los cultivos de soja. Brasil es, de lejos, el mayor productor mundial de soja(55) —un tercio del total global—, así como el mayor exportador. Su producción ronda cada año los 150 millones de toneladas(56) (el incremento anual se sitúa en un 5%). Se trata del segundo producto más exportado de Brasil, solo por detrás de los minerales de hierro(57). La nación que más soja importa desde Brasil es China, siendo España (oh, sorpresa) el segundo importador de ese alimento que, en su mayor parte, se destina a las macrogranjas de nuestro país(58). Y es que, tal como afirma Xabier Vásquez Pumariño, consultor ambiental y biólogo español, "somos nosotros quienes estamos impulsando la quema de la Amazonía". Con "nosotros" se refiere, obviamente, a todos los consumidores habituales de carne del planeta(59).

Debemos reiterar que, tal como nos recuerda el periodista británico George Monbiot en su extraordinario libro *Regénesis: alimentar al mundo sin devorar el planeta*, más de tres cuartas partes de toda la soja que se cultiva en el planeta se destina a la alimentación animal. Apenas el 7% se convierte en sustitutos de la carne y la leche como el tofu, la soja texturizada o la leche de soja. Por otra parte, "en América del Sur se destina hoy al cultivo de soja una extensión de tierra doscientas veces superior a la utilizada en 1961. La superficie que la soja ocupa actualmente en Sudamérica, 57 millones de hectáreas, es más grande que España. Algunos pueblos indígenas han sido prácticamente desahuciados"(60).

Así es, todo ello sin mencionar el terrible drama relacionado con la violencia que han estado sufriendo desde hace décadas innumerables miembros de pueblos indígenas y líderes comunitarios de la Amazonía, quienes en demasiadas ocasiones han pagado con sus vidas la legítima negativa a verse desplazados de sus tierras ancestrales a causa de la tala ilegal indiscriminada y de los recurrentes incendios provocados.

En ruta hacia un planeta inhóspito

No hay duda de que estamos devorando (en sentido completamente literal) al planeta y sus recursos a través de los miles de millones de animales que comemos cada año. Siendo honestos, ¿a quién puede extrañar realmente las dramáticas consecuencias medioambientales que estamos vislumbrando?

El pulmón del planeta está herido de muerte. Todo ello a causa del creciente e insaciable apetito de carne a nivel global. Debido a la descomunal (no se me ocurre un adjetivo con mayor cariz superlativo) destrucción de la Amazonía, esta gigantesca zona natural se ha convertido en un emisor neto de dióxido de carbono, lo cual, naturalmente, está contribuyendo a su vez a incrementar aún más el calentamiento global. Según un estudio publicado por la revista Nature Climate Change, "en la última década la Amazonía brasileña ha liberado a la atmósfera cerca de un 20% más de CO2 del que fue capaz de absorber en ese mismo período"(61).

Por desgracia, el escenario planetario se asemeja cada vez más a las visiones apocalípticas expuestas en el inquietante y exitoso ensayo *El Planeta Inhóspito*(62). Además de recordarnos que el "cambio climático es alarmantemente rápido, a pesar de que pensamos que es lento", su autor, David Wallace-Wells, describe lo que ciertamente podría ocurrir en pocas décadas (o años) si no tomamos medidas urgentes: desaparición de ciudades y pueblos enteros debido al aumento en el nivel de las aguas; hambre y desnutrición en incontables zonas del globo; proliferación de enfermedades víricas; empeoramiento extremo de la calidad del aire; escasez de agua potable; incremento de los conflictos humanos en un planeta cada vez más sucio y cálido. Además, Wallace-Wells llama la atención sobre el hecho de que muchos piensan que los avances tecnológicos necesarios para revertir el cambio están arribando con rapidez, cuando lo cierto es que "son decepcionantemente lentos en función de cuán pronto los necesitamos".

Así es, el cambio es necesario ahora mismo. No hay más tiempo que perder. Y no podemos seguir aguardando a que los líderes tomen unas decisiones que ya han demostrado que no tomarán, ni esperando milagrosos avances tecnológicos caídos del cielo que tardarán demasiado en llegar. No hay que contar con los políticos. Quienes realmente mueven los hilos no van a moverse de sus casillas a menos que perciban un nuevo y preocupante "fenómeno demoscópico" gestándose en el electorado. El cambio, por tanto, debe surgir desde abajo y empezando por uno mismo. Tal como afirmaba el filósofo indio Jiddu Krishnamurti, los cambios fundamentales de la sociedad solo pueden tener lugar con la transformación de la consciencia individual. Uno a uno, siendo cada vez mayor en número, generando poco a poco el cambio colectivo y ejerciendo presión desde abajo hacia arriba.

Si todo lo que está ocurriendo a nuestro alrededor (¿alguien aún no se ha dado cuenta?) es consecuencia de la subida de poco más de un grado global de temperatura con respecto al período preindustrial, ¿qué no ocurrirá con el incremento de otro grado más? Son incontables los expertos y científicos que afirman que ya podemos irnos olvidando del ingenuo propósito de limitar el aumento a 1,5 grados de promedio mundial (puro blablablá), de modo que deberíamos apuntar a un objetivo mucho más realista: los dos grados de aquí a las próximas décadas(63). ¿Lo conseguiremos? Nada parece indicar que estemos en camino de cumplir esa meta mucho menos ambiciosa.

Y es que parte de las tenebrosas consecuencias de las que habla *El Planeta Inhóspito* ya las estamos atestiguando. No solo se están incrementando con excesiva rapidez los movimientos migratorios desde las zonas más afectadas por las sequías, principalmente en amplias regiones de África y América Latina (con todas las consecuencias políticas, económicas y sobre todo xenófobas que aquello implica), sino que ya se están creando las bases de lo que muchos han denominado las futuras "guerras por el agua". La tensión entre los países que comparten el sobreexplotado Nilo no ha hecho más que aumentar en los últimos tiempos, mientras que la apropiación de los recursos hídricos en Cachemira también juega un papel preponderante en el latente conflicto territorial que enfrenta, desde hace décadas, a tres potencias nucleares como China, India y Pakistán. Solo es cuestión de tiempo para que se inicie la primera guerra del agua en cualquier punto "candente" (disculpad el juego fácil de palabras) del planeta.

Desecando a la Tierra

Llegados a este punto, me parece que es necesario recordar una obviedad: la desertificación de los suelos a causa del ganado no se debe a que los miles de millones de animales beban demasiado agua. Es decir, no se debe únicamente a eso. No, obedece principalmente a la inmensa cantidad de agua potable necesaria para producir los alimentos (piensos) que comen dichos animales a lo largo de sus vidas. Según la FAO, producir un solo kilo de carne de vaca requiere una media de 15.000 litros de agua potable(64). Recordemos que un ternero de seis meses puede aproximarse a los 200 kilos, mientras que una vaca adulta ronda los 700 kg. De modo que la cantidad de agua que necesitaríamos para "producir" una vaca promedio de 450 kilos sería de casi siete millones de litros de agua. Solo una. Multiplíquese eso por las dos millones y medio de vacas que se sacrificaron únicamente en España durante el 2020(65).

Sin embargo, las autoridades y los medios de comunicación de nuestro país no parecen tener ninguna objeción al respecto y en cambio nos conminan a reducir el tiempo que pasamos bajo la ducha, sobre todo en verano (sí, deberíamos hacerlo, qué duda cabe). Una ducha corta de cinco minutos (la media en España está en algo más de 8 minutos) consume en promedio 100 litros de agua, mientras que la elaboración de una modesta hamburguesa de 160 gramos requiere unos 2.400 litros(66). Es decir, comernos una hamburguesa de carne equivale en torno a 24 duchas cortas. Sí, leedlo de nuevo. En otras palabras, comer una única hamburguesa es el equivalente a todo un mes de ducha (o mucho más, dependiendo de los hábitos higiénicos de cada persona). ¿Qué tal si, además de aconsejarnos reducir el tiempo de ducha, los políticos nos sugieren también algo muchísimo más beneficioso y efectivo como, por ejemplo, disminuir el consumo de hamburguesas o productos similares? ¿Qué tal si nos dijeran que podemos seguir duchándonos tal como siempre lo hemos hecho pero, a cambio, tan solo tenemos que consumir una hamburguesa menos al mes? Ardería Troya. Y no queremos darnos cuenta de que Troya ya está ardiendo desde hace bastante tiempo.

Durante el 2023 también fuimos testigos de algo que no había ocurrido con anterioridad en nuestro país: aproximadamente nueve millones de españoles fueron obligados a sufrir restricciones de agua debido a la persistente sequía que afecta a gran parte del territorio nacional(67). Muchas de esas limitaciones estuvieron relacionadas con el uso de las piscinas privadas. Saquemos la calculadora de nuevo, por favor. Una piscina promedio de pocas dimensiones tiene unas medidas estándar de 6x3 metros. Esto equivale a unos 27.000 litros de agua, es decir, alrededor de 11 hamburguesas. Una vez más: ¿y si las autoridades comunicaran a los ciudadanos que pueden usar perfectamente su piscina pequeña con la única condición de que toda la familia, en su conjunto, consuma once hamburguesas menos (o el equivalente en carne) a lo largo de toda la temporada veraniega? No me parece un terrible sacrificio a cambio de disfrutar de unos buenos chapuzones con la familia y los amigos.

Sí, lo sé, estoy haciendo algo de trampa: la reducción de las duchas o la prohibición de llenado de las piscinas tienen un efecto inmediato, mientras que el consumo de agua ligado a la producción de carne es un proceso prolongado en el tiempo que además se lleva a cabo, en cierta medida, allende nuestras fronteras (cultivos de soja y maíz). Solo estoy intentando establecer ciertas analogías y proporciones, creo yo, bastante ilustrativas. En todo caso, repito, ¿no sería estupendo que, *además* de sugerirnos la reducción del tiempo de ducha o de limitar el uso de las piscinas, también nos pidieran encarecidamente disminuir en cierto grado nuestro consumo de carne? ¿No podría ser todo a la vez? ¿Sería demasiado atrevimiento? ¿Es demasiado soñar?

Sigamos: por su parte, se requiere un promedio de 6.000 litros de agua por cada kilo de cerdo, 8.700 litros en el caso del cordero y 4.300 en el del pollo. Como contraste, producir un kilo de trigo requiere alrededor de 1.000 litros de agua y uno de lentejas apenas 50 litros(68).

Las diferencias, como se puede constatar, son abismales. Y ya que hemos mencionado con anterioridad las grandes hambrunas a nivel planetario, esta tragedia tendría fácil solución. Tal como señala George Monbiot, "en principio, el mundo ya produce suficiente comida para alimentar entre 10.000 y 14.000 millones de personas. El problema es que una proporción cada vez menor de esta abundancia alimenta directamente a las personas. ¿Por qué? Porque mientras que la tasa de crecimiento de la población humana ha caído a un 1,05 por ciento al año, la tasa de crecimiento de la población de ganado ha escalado al 2,4% anual (...). La mayor crisis poblacional no es el crecimiento de la población humana, sino el crecimiento del ganado"(69).

El escritor argentino Martín Caparrós lo expone de esta elocuente manera en su impactante libro *Hambre*: "El problema es que se necesitan cuatro calorías vegetales para producir una caloría de pollo. Seis, para producir una de cerdo. Y diez calorías vegetales para producir una caloría de vaca o de cordero. Lo mismo pasa con el agua: se necesitan 1.500 litros para producir un kilo de maíz, 15.000 para un kilo de vaca. Una hectárea de buena tierra puede producir unos 35 kilos de proteínas vegetales; si su producto se usa para alimentar animales, producirá unos siete kilos. O sea: una persona que come carne se apropia de recursos que, repartidos, alcanzarían para cinco o diez personas. Comer carne es establecer una desigualdad bien bruta: yo soy el que se permite comer un alimento cinco veces, diez veces más costoso que el que vos comés. Comer carne es decir a mí qué carajo me importan los otros nueve"(70).

Desviando los recursos

En otras palabras, estamos dedicando la mayor parte de los recursos alimentarios que brinda el planeta a nutrir a un exorbitante número de animales que se reproducen cada año de forma exponencial, unos animales que a su vez son comidos habitualmente por una fracción minoritaria (aunque cada vez mayor) de la humanidad. Las ominosas previsiones de Thomas Malthus en relación al hipotético colapso alimentario de la población humana han demostrado con el tiempo ser erróneas. Sin embargo, básicamente su error estriba en no haber sabido prever (¿cómo podría haberlo hecho?) que tal colapso planetario no arribaría directamente de la mano de la superpoblación humana, sino del inusitado crecimiento del número de animales que los seres humanos comemos. Es por ello que no puede existir respuesta alguna ante las crisis climática y alimentaria que estamos atestiguando que no tenga en cuenta nuestro desaforado consumo de carne.

Según un estudio publicado por la revista Science, "evitar la carne y los productos lácteos es la forma más importante de reducir el impacto ambiental a modo individual"(71). El trabajo de investigación, calificado por The Guardian como "el más completo hasta la fecha sobre el daño que la industria de la alimentación causa al planeta"(72), destaca que, sin el consumo de carne y lácteos, el uso global de tierras de cultivo podría reducirse en más del 75%, un área equivalente a Estados Unidos, China, la Unión Europea y Australia juntos… y aun así se podría seguir alimentando a toda la población mundial. También señala que la pérdida de áreas silvestres en beneficio de la agricultura es la principal causa de la actual destrucción de la vida salvaje (no olvidemos que estamos asistiendo hoy en día a la sexta extinción masiva de especies en la historia de nuestro planeta, la primera a causa de la intervención de una única especie: la nuestra(73)). Por último, el estudio sostiene que, a pesar de que la producción de carne y lácteos provee apenas el 18% de las calorías y el 37% de las proteínas, utiliza el 83% de las tierras de cultivo y genera el 60% de los gases de efecto invernadero ligados a la industria agrícola.

He de repetir que no abogo en el presente ensayo por eliminar de raíz la dieta carnívora (la ejecución de tal desiderátum estaría más allá de las capacidades del más poderoso genio de la lámpara), sino tan solo por reducir en buena medida el consumo de carne por el bien del planeta y de sus habitantes. Las proyecciones numéricas del estudio publicado por Science simplemente sirven de guía para comprender el enorme alcance y beneficio que tendría una drástica reducción de tal consumo.

Un paréntesis más antes de proseguir: quienes creen aligerar su conciencia y su huella ambiental a través de la adquisición de productos de proximidad y de "carne orgánica" (ganado criado en libertad que, al no consumir piensos, no requiere tanta inversión de agua potable), en realidad deberían pensárselo dos veces. Tales productos que podríamos calificar de "elitistas" (no todas las personas podrían permitírselos) esconden una triste realidad: la expansión de tierras para el pastoreo continúa siendo la principal causa de pérdida de hábitats naturales del planeta. Es bastante lógico: si todos decidiéramos consumir "carne orgánica", sencillamente no habría espacio suficiente en toda la Tierra que pudiera albergar tal cantidad de ganado pastando en libertad. Esta es una de las razones fundamentales, además de los pingües beneficios económicos, por las que precisamente proliferan por doquier las macrogranjas o la ganadería intensiva: la falta de espacio. Abundaremos más en ello en el tercer capítulo.

Veneno para el agua y los suelos

Continuando con los desastrosos problemas relacionados con el agua, no podemos olvidarnos, por supuesto, del modo en que la ganadería contamina y envenena ríos, mares y océanos a través de los vertidos y los desechos que emite en cantidades industriales. Tal como afirma Monbiot, "los desechos agrícolas (y especialmente los ganaderos) se han convertido en muchos países desarrollados en la principal causa de contaminación del agua"(74). Según datos aportados por Greenpeace en el año 2021, la contaminación del agua en España por nitratos provenientes de las explotaciones ganaderas había aumentado en más del 50% en solo cuatro años: "La superficie afectada por la contaminación por nitratos alcanza ya casi una cuarta parte del país"(75). Son estos mismos nitratos y fosfatos, provenientes de los purines del ganado, los que, en enorme medida y a través de los acuíferos, han condenado a muerte al Mar Menor en Murcia(76). Y este es tan solo un ejemplo, quizá el más evidente y lamentable, de tantos que podemos apreciar en nuestro país.

Por otra parte, es sumamente difícil cuantificar la enorme contaminación y degradación que causa en los suelos de todos los continentes el estiércol producido por los miles de millones de animales que año tras año atiborran las granjas industriales de todo el planeta. Tal como informa la Oficina de Contabilidad General de Estados Unidos, las granjas "pueden generar más residuos que las poblaciones de algunas ciudades estadounidenses"(77). Es de suponer que la realidad en España y de otros países europeos, a falta de datos concretos, no es muy distinta a la de Estados Unidos. Es tal la ingente cantidad de excrementos que los suelos sencillamente no son capaces de absorberlos, razón por la cual muchos ganaderos optan por extenderlos sobre los campos a la espera de que alguna fuerte lluvia se los lleve y acaben en algún río (bueno, eso en zonas que afortunadamente cuentan con lluvias frecuentes). Allí donde el exceso de excrementos no consigue alcanzar (y contaminar) un río o un mar, sencillamente se produce el envenenamiento de la tierra(78).

Un riesgo para la salud humana

Y también debemos considerar otro aspecto que igualmente afecta de manera directa la salud humana. No voy a extenderme en el perjuicio que ocasiona a modo individual el consumo excesivo de carne. Hay demasiados informes, disponibles a un clic del mouse, que alertan sobre la estrecha relación que existe entre la ingesta en exceso de carnes rojas y el aumento de las probabilidades de desarrollar cáncer de colon(79). Incluso hay científicos y médicos que advierten de que una gran "pandemia de cáncer" podría estar gestándose ahora mismo en todo el planeta (sobre todo en menores de 50 años), algo que, sin ninguna duda, está vinculado con el aumento desorbitado del consumo de carne en numerosos países industrializados a lo largo de los últimos treinta años(80). Y luego está la espectacular proliferación de establecimientos de comida rápida, los cuales aprovechan el precio irrisorio de los productos cárnicos, bajo el generoso auspicio (entiéndase subvención) de nuestros gobiernos, para atiborrar a la población con unos productos ultraprocesados que están detrás de otras de las grandes epidemias de nuestro tiempo: la diabetes y la obesidad(81).

No, no voy a ahondar en ello. Mucho más grave aún, al menos a nivel colectivo, es la posibilidad, cada vez mayor, de que graves enfermedades infecciosas pasen de los animales a los humanos. Esto puede ocurrir principalmente a través de dos vías: por medio de animales salvajes que, a raíz de la progresiva pérdida de sus hábitats naturales —sobre todo debido a la colosal deforestación ocasionada por el aumento del ganado—, establecen un contacto directo cada vez más habitual con los humanos (pensemos, por ejemplo, en los murciélagos), o por enfermedades contagiosas provenientes de las hacinadas macrogranjas. No es, de más está decir, una posibilidad únicamente hipotética. Ya ha sucedido con anterioridad. La enfermedad de las vacas locas y el SARS son quizá los ejemplos más conocidos. Se cuentan por millones las aves y mamíferos que, cada cierto tiempo, son sacrificados en las granjas apenas surge la más mínima sospecha de que un nuevo virus pueda dar el fatídico salto a los humanos. La próxima pandemia, tal como alertan infinidad de expertos, podría ser muchísimo más letal. Se calcula que en torno al 75% de las enfermedades infecciosas emergentes tienen un origen zoonótico, esto es, que se transmiten de un animal a un ser humano(82). No hay duda de que dicho porcentaje irá en aumento, o habrá cada vez mayores posibilidades de que las próximas enfermedades infecciosas sean aún más peligrosas, a medida que sigamos deforestando los hábitats y construyendo macrogranjas por doquier.

Y una de las principales razones por las que el próximo virus letal pudiera provenir de la ganadería intensiva está relacionada con los antibióticos. Se calcula que tres cuartas partes de los antibióticos que se venden en la Unión Europea y Estados Unidos se destinan al tratamiento de los animales de granjas(83). Solo un 25%, por tanto, se usa en humanos. Su masiva utilización en las granjas no obedece únicamente a la prevención (una prevención, digamos, totalmente indiscriminada) de posibles enfermedades que puedan desarrollar los animales, sino porque también contribuyen al engorde y al crecimiento acelerado. Tal administración desmedida de antibióticos en miles de millones de animales está generando "superbacterias" capaces de resistir estos medicamentos. Y lo que es aún más preocupante: a través del consumo del ganado, también estamos absorbiendo esta exorbitante cantidad de antibióticos. De modo que estamos contribuyendo tanto al debilitamiento de nuestro sistema inmunológico como a la consecuente proliferación de estas superbacterias, las cuales, en opinión de incontables científicos, representan uno de los mayores peligros a los que se enfrenta hoy en día la humanidad. Según un estudio publicado por la revista médica The Lancet, alrededor de 1,27 millones de personas en todo el mundo perdieron la vida en el 2019 a causa de este tipo de bacterias(84). Dicho estudio también advierte de que estas cifras anuales podrían aproximarse a los 50 millones a mediados de este siglo(85). Y sentencia: "Las bacterias resistentes a los antibióticos son una de las principales amenazas para la salud pública del planeta". No es difícil de augurar, por tanto, que la próxima y quizá mucho más mortífera pandemia pueda guardar una estrecha relación con la siempre boyante industria cárnica global. Y es que, tal como incontables veces se ha dicho (pero no las suficientes), la ganadería y la agricultura ligada a la alimentación de los animales representan un grave peligro no solo para la estabilidad y el equilibrio del planeta, sino también para nuestra propia supervivencia.

No hay solución posible sin abordar el problema de la carne

Ya para ir cerrando este capítulo inicial dedicado a los desmanes y desastres ecológicos ligados a la industria cárnica —asuntos que, por más increíble que parezca, no están demasiado lejos de ser un tema prohibido en el ágora contemporánea— vamos a retomar, una vez más, unos conceptos que, en cambio, sí están a diario en boca de muchos: las emisiones de gases de efecto invernadero. Lamentablemente, y tal como ya se ha señalado, gobiernos y medios de comunicación suelen vincular estos registros a las industrias energética y del transporte, muy rara vez a la cárnica. De modo que enfocaré la atención, por última vez, sobre este espinoso asunto. Y para hacerlo voy a ceder gustosamente la batuta a Jonathan Safran Foer, quien en su muy didáctico libro *Podemos salvar el mundo antes de cenar* ofrece unas estadísticas bastante reveladoras.

Foer nos recuerda algunos datos que ya hemos mencionado: la Organización de las Naciones Unidas para la Alimentación y la Agricultura (FAO) afirma que el ganado es responsable de 7.516 millones de toneladas de CO2 al año, esto es, el 14,5% de las emisiones globales. Sin embargo, estas ya impactantes cifras no toman debidamente en cuenta el metano expulsado por el ganado a través de su proceso digestivo ni el óxido nitroso emitido por el estiércol y la orina (recordemos también que el ganado es el principal emisor de estos dos gases altamente contaminantes). Más allá de esto, "los cálculos de la FAO incluyen el CO2 emitido cuando se talan bosques con objeto de crear pastos y forraje para animales, pero no tienen en cuenta el CO2 que estos bosques dejarán de absorber (...). Cuando los investigadores de Worldwatch Institute detallaron las emisiones que la FAO había pasado por alto, estimaron que el ganado era responsable de 32.564 millones de toneladas de emisiones de CO2 al año, el 51% de todas las emisiones globales anuales: Más que todos los coches, aviones, edificios, centrales eléctricas e industria juntos". Léase bien: el 51% del total de las emisiones globales. A continuación, Foer sentencia (las cursivas son del autor): "No sabemos a ciencia cierta si la ganadería es *una* causa principal del cambio climático o *la causa* principal del cambio climático. Lo que sí sabemos a ciencia cierta es que no podremos abordar el cambio climático sin abordar la ganadería"(86).

A conclusiones similares llega el arduo y minucioso trabajo de investigación de George Monbiot: "Algo más de un tercio de las emisiones mundiales de gases de efecto invernadero están producidas por el sistema alimentario. De estas, aproximadamente un 70% las liberan la agricultura y la ganadería, el resto corresponden al procesamiento, el transporte, la distribución y el cocinado. Un análisis de Our World in Data muestra que, incluso si los gases de efecto invernadero de cualquier otro sector fueran eliminados hoy, en 2100 la producción de alimentos superaría por sí sola el presupuesto de carbono dos o tres veces, si queremos evitar un calentamiento global superior a 1,5ºC. Incluso si nuestro objetivo fuera el menos ambicioso y mucho más peligroso de 2ºC, el sector alimentario sería responsable de la práctica totalidad, a menos que se reduzca su impacto drásticamente". También ofrece los siguientes datos: "Producir un kilogramo de proteínas de ternera libera un volumen de gases de efecto invernadero ciento trece veces superior al de producir un kilogramo de proteínas de guisantes y ciento noventa veces superior a un kilogramo de proteínas de frutos secos (...). Cambiar de una dieta alta en carne a otra basada completamente en plantas reduciría los gases de efecto invernadero de nuestra comida en un 60%"(87).

El autor llega a la misma y categórica conclusión: No podemos encarar el enorme desafío del calentamiento global, un atolladero que representa una amenaza para el planeta y todas sus especies (incluyendo, por supuesto, la nuestra), si no abordamos también y de una vez por todas el problema del consumo excesivo de carne.

En base al caudal de informaciones y estadísticas que están a nuestra entera disposición (y que sin embargo no suelen divulgarse con demasiada frecuencia y mucho menos eficacia), los autores Wyne y Nicholas publicaron el trabajo *La brecha de mitigación climática: la educación y las recomendaciones gubernamentales pasan por alto las acciones individuales más efectivas*(88). Los investigadores establecen las cuatro acciones de mayor impacto que cualquier individuo puede realizar a título personal para intentar mitigar el calentamiento global: 1. Llevar una dieta vegetariana. 2. Evitar los viajes aéreos. 3. Vivir sin uso del coche. 4. Tener menos hijos.

En relación a este estudio, Jonathan Safran Foer argumenta: la mayoría de la gente no está sopesando en estos momentos tener un hijo; tampoco está en condiciones de dejar de lado el coche para ir al trabajo ni disfruta de una situación tan privilegiada como para plantearse reducir drásticamente la cantidad de vuelos que realiza cada año. En cambio, "todo el mundo comerá algo relativamente pronto y podrá participar de inmediato en revertir el cambio climático"(89).

Repetimos una vez más que no aspiramos, por simple sentido común, a que todos nos volvamos de pronto vegetarianos, así como tampoco resulta creíble ambicionar que todos comencemos de un día para otro a utilizar la bicicleta. Ya puestos, podríamos recomendar que nadie, a partir de ahora, tenga hijos, algo que, sin duda alguna, sería la panacea definitiva para nuestro maltrecho y adolorido planeta. No, debemos ser algo más realistas. Se trata, más allá de sugerir una drástica reducción en el consumo de carne, de llamar la atención, de conectar ciertos puntos y de ofrecer luces sobre un asunto que hasta ahora ha sido opacado, más bien enmascarado, por los enormes intereses económicos en juego y por el temor a herir sensibilidades o soliviantar los ánimos.

Debemos ser capaces de sentarnos a hablar seria y calmadamente sobre el tema. Hay que sacarlo a colación. Una y otra vez. Sin que nadie te acuse de desear dañar la economía nacional o de querer imponer tu intolerante visión moral de la realidad (lo que para muchos está representado por las preferencias culinarias). Nuestra propia supervivencia, así como la de millones de especies que aún conviven junto a nosotros(90), depende de que reduzcamos con urgencia nuestro consumo de carne. Y estoy convencido, al igual que lo estuvieron quienes hicieron campaña a lo largo de las décadas pasadas en contra del poder omnímodo de las grandes tabacaleras, de que la exposición y divulgación de ciertas imágenes pueden lograr que cada vez más personas se planteen reducir, incluso eliminar, el consumo de carne. Debemos ser valientes y rasgar el tupido velo de secretismo. También tenemos que empezar a hablar sobre lo que ocurre tras las fortificaciones de las macrogranjas y mataderos. Y también tenemos que empezar a mostrarlo con toda su crudeza. Aunque aquello pueda quitar el apetito. Me corrijo: *Para* que aquello pueda quitar el apetito.

Capítulo II
Ojos que no ven, corazón que no siente...
...y estómago contento
Lo que se esconde tras las paredes de los mataderos y las granjas industriales

Un recuerdo difícil de olvidar

Tendría yo unos diecisiete años. Fui invitado, durante un largo puente festivo, a una finca en los llanos venezolanos que poseía la familia de un buen amigo mío. El domingo por la mañana nos encontrábamos todos reunidos en torno a la pequeña piscina. Aquella casa estaba abarrotada de invitados. Seríamos al menos unas cuarenta personas, la inmensa mayoría jóvenes de mi edad. De pronto las charlas fueron interrumpidas por la inesperada llegada (inesperada al menos para mí) de un peón de la finca que traía consigo, cuerda en mano, a un enorme y dócil ternero. Un silencio ceremonial se instaló en derredor. Todos dejamos de inmediato aquello que estuviéramos haciendo y nos aproximamos, rodeándolos, al par de recién llegados. Supimos, de manera inconsciente, que había llegado el momento de asumir una actitud solemne y respetuosa: la muerte estaba a punto de hacer acto de presencia, y todos íbamos a ser testigos de la ceremonia ancestral.

Algunos, sobre todo chicas, se acercaron al hermoso, robusto y joven animal y le brindaron algunas caricias. No logro recordar si yo también lo hice. El ternero se hallaba sorprendentemente tranquilo. Incluso permaneció aparentemente sereno cuando aquel hábil peón extrajo del cinto un enorme y afilado cuchillo y, sin pensárselo demasiado, lo coloco por debajo de su cabeza y cortó su garganta con un movimiento rápido y certero. Un murmullo colectivo, mezcla de espanto y asombro, circuló en torno al animal mientras su sangre oscura comenzaba a brotar a borbotones a través de la gran herida abierta. Sus roncos y también oscuros mugidos fueron espaciándose y apagándose poco a poco, al igual que la luz en sus ojos. Supongo que capté igualmente la tristeza infinita en aquellos ojos enormes, aunque tampoco puedo asegurarlo. Quizá tan solo estoy trasladando la profunda tristeza que ahora siento mientras rememoro el episodio. Porque es muy probable que aquel muchacho de diecisiete años, resacoso y ligeramente ebrio a un mismo tiempo, no experimentara nada en particular. Si acaso, apenas eso: asombro. Estaba presenciando el momento de la muerte. Y aquello, claro, provoca indecible perplejidad. Un par de minutos más tarde, quizá algo más, quizá algo menos, difícil saberlo, las patas finalmente cedieron y el animal se derrumbó. Poco después ya todo había terminado. No hubo, por fortuna (ahora lo pienso), vítores ni festejos, tan solo algunas palmadas en la espalda del matarife como recompensa por su fría presteza.

Creo haberme sentido algo triste y afectado durante el resto de la jornada (lo cual no me impidió, claro está, seguir pasándomelo en grande). ¿Alguien más habría sentido algo de tristeza? Si alguien más experimentó alguna emoción, digamos, negativa, no lo comunicó, o al menos no lo escuché. No recuerdo que nadie, incluyéndome, rechazase el plato de deliciosa y blanda carne de ternero que generosamente se nos ofreció en el almuerzo. Lo que allí abundaba era el sentimiento compartido de profundo agradecimiento: el dueño de la finca, el padre de mi amigo, había sacrificado a un ternero para agasajar a los invitados. Y lo había sacrificado ante nuestros ojos. Habíamos visto morir al ternero delante de nosotros. Para luego poder comérnoslo. Habíamos sido honrados. Si algo nos habían enseñado el dueño de la finca y su peón, y esto es imposible negarlo, era a apreciar lo que estábamos comiendo. ¿Sabemos apreciarlo hoy en día? Es decir, ¿sabemos apreciar algo que vaya más allá del sabor?

Pero esta no es la moraleja principal de la historia.

No sé qué habrá ocurrido con los demás. No sé qué habrá ocurrido con las chicas que acariciaron al animal segundos antes de que fuera degollado. Pero sí sé lo que sucedió conmigo. Sucedió que me quedé toda la vida con aquellas perturbadoras imágenes en la cabeza (la prueba es que, más de tres décadas después, las estoy recreando con lujo de detalles). Sucedió que poco a poco, cada vez con mayor frecuencia, y sobre todo a raíz de esa secuencia que se iniciaba una y otra vez en la recámara de mi mente, comencé a preguntarme: si siempre he sentido aprecio por los animales, si me disgusta el modo en que los llevamos a la muerte (y aquella muerte no era nada en comparación con los métodos industriales)… ¿por qué me los como?

Disonancia cognitiva

Llegados a este punto, no faltará alguien que argumente lo usual en estos casos: nos comemos a los animales del mismo modo en que ellos se comen entre sí. Simple ley de la Naturaleza. La réplica en estos casos es también bastante habitual: es cierto, el león debe comerse a la gacela para poder sobrevivir. Pero porque *no tiene más remedio*. ¿Cómo convencemos al leopardo o al tigre de que podría no morirse de inanición si optase de vez en cuando por el abundante pasto que se despliega ante él? Nosotros, en cambio, llevamos milenios jactándonos de tener una inteligencia superior y, sobre todo, de hacer uso exclusivo del libre albedrío. *Podemos escoger no comer carne*. Tenemos un amplio abanico de posibilidades. Y sobre todo podemos escoger no comer *tanta* carne si aquello redunda en nuestra propia salvación medioambiental. Pero al parecer, ese libre albedrío del que tanto nos ufanamos queda anulado ante unos instintos que, al ser saciados, nos procuran un enorme placer sensorial al que es muy difícil renunciar. Resulta bastante curioso que, cuando se trata de comida, los instintos más básicos siempre suelen gozar de excelente reputación.

Otra justificación bastante común reza que los hombres siempre han comido animales a través de los tiempos. Aquí cabe responder con un pensamiento del defensor animalista y premio Nobel de Literatura Isaac Bashevis Singer: "De acuerdo con esa lógica, no deberíamos intentar impedir que las personas se maten unas a otras, ya que eso también se ha hecho desde los tiempos más remotos".

Pero no nos dispersemos. Recuperemos el hilo: las imágenes tienen poder. Poseen enorme fuerza y capacidad de impacto. Cada vez más, sobre todo tomando en cuenta el constante bombardeo de fotos, gráficos, memes, ilustraciones y vídeos que hoy en día han sustituido en gran medida al intercambio verbal de ideas. Y si una simple secuencia, no demasiado cruel en comparación con otras mucho más tenebrosas y también mucho más habituales, fue capaz de iniciar un encadenamiento de reflexiones en un joven de 17 años, ¿qué no serán capaces de conseguir aquellas a las que no solemos tener acceso?

De modo que tuve que atestiguar el momento de la muerte de un ternero para comenzar a hacerme esa pregunta: ¿por qué como animales? O: ¿por qué como tantos animales? Una insidiosa pregunta que me llevó, en primer lugar, a intentar reducir el consumo de carne y, muchos años más tarde, a conseguir, tras mucho esfuerzo y tesón (siempre he sido amante del sabor de la carne, y aún lo sigo siendo), convertirme en vegetariano. No sé si alguien más de los allí reunidos también se hizo tiempo después una pregunta similar. Pienso que es probable que así fuera. Quizá alguien más experimentó lo que los psicólogos suelen denominar "disonancia cognitiva", esto es, el conflicto mental que ocurre cuando los comportamientos y las creencias de una persona no concuerdan. Es también lo que comúnmente se conoce como "hipocresía". No estoy insinuando, por supuesto, que todo aquel que consume carne es un hipócrita. Solo estoy diciendo que yo, en particular, comencé a sentirme como tal. Todo a raíz de unas simples imágenes.

Y es que la disonancia cognitiva suele ser bastante común en relación al consumo de animales. Muchas personas la experimentan tras una experiencia traumática o sencillamente desagradable: ser testigos de la muerte de un animal, o incluso ser simplemente conscientes de esa muerte. Mi esposa, siendo muy pequeña, también experimentó esa disonancia. Teniendo apenas cinco o seis años dedujo que los adorables y amados conejos que, con cierta frecuencia, comenzaban a escasear en las celdas que su padre tenía en la parte posterior de la casa, eran los mismos que luego aparecían horneados y troceados en un plato sobre la mesa. Aquello la llevó, desde aquella tierna edad y pese a la insistencia de su padre, a jamás comer de nuevo carne de conejo en toda su vida. Sin embargo, aquella disonancia precoz y pueril no la llevó a hacer lo mismo con los demás animales: ningún otro hecho traumático la obligó a ello. Tuvieron que pasar muchos años para que, consciente y voluntariosamente, también comenzara a rechazar otros tipos de carne.

Se trata de la misma disonancia —o más bien la huida de esa incómoda disonancia— que ha llevado a muchos amigos, familiares y conocidos míos a evitar ver de principio a fin algunos vídeos (sobre todo *Meet your Meat*, "Conoce tu carne"(1)) que les he sugerido. La respuesta que me brindan es siempre la misma: "si viese todas esas imágenes me costaría seguir comiendo carne". ¡Pues precisamente de eso se trata!, respondo. Qué sencillo y agradable es comer carne cuando desconocemos (o preferimos desconocer) todo el sufrimiento y el dolor que detrás se esconde. Aquí podríamos parafrasear el axioma de Upton Sinclair: "Es difícil que alguien conozca algo cuando su *placer culinario* depende de que no lo conozca". Se trataría de un voluntario desconocimiento que, por supuesto, no está únicamente relacionado con el maltrato animal, sino también con las repercusiones medioambientales de las que tanto hemos hablado en el capítulo anterior. Porque la cuestión es justamente esa: evitamos las informaciones y las imágenes (los poderes económicos, políticos y mediáticos nos echan gentilmente una mano en esa tarea) para que no surja una contradicción interna que nos impida seguir disfrutando de nuestros más preciados placeres. Aunque esos placeres puedan conducirnos al precipicio.

¿Tenían los campesinos de antaño, mucho más acostumbrados que nosotros al trato con los animales, algún tipo de "disonancia cognitiva" en relación al sacrificio del ganado? Resulta bastante dudoso. Y no estoy queriendo decir con ello, por supuesto, que fueran más viles o insensibles que los citadinos de hoy en día. Simplemente supieron otorgar, a lo largo de milenios, un valor a la vida (tanto humana como animal) mucho más adecuado que el nuestro. Y es muy probable que si hubiesen sido testigos de la "hecatombe" cotidiana que se desarrolla en los mataderos de hoy en día, así como del terrible trato que reciben los animales en las granjas industriales a lo largo de sus cortas, miserables y aburridas vidas, muchos de ellos también habrían experimentado algún tipo de conflicto interno. Un conflicto derivado precisamente del *escaso valor* que nosotros, la gente supuestamente culta, educada y refinada de las ciudades, brindamos a la carne (a la vida) animal.

Piénsese, por ejemplo, en la ancestral "matanza del cerdo", jornada en que uno o más cerdos eran sacrificados en muchos pueblos para aprovechar al máximo, y durante todo un año, la carne del animal y todos los productos (embutidos y manteca) que de él se pueden obtener. Este milenario acontecimiento social aún pervive en algunos pueblos de España. Sin embargo, y aunque pueda causar cierta sorpresa, esta tradición (y no la estoy defendiendo, de más está decir) ha ido desapareciendo debido a la aplicación de ciertas leyes enfocadas en el "bienestar animal", sobre todo en relación al previo aturdimiento del cerdo. Como si los millones de animales criados cada año en las macrogranjas y sacrificados en los mataderos disfrutasen de algo que pudiera catalogarse como "bienestar". ¿Acaso la ausencia de una pistola aturdidora es peor y más cruel que una vida entera de hacinamiento, inmovilidad y maltrato? En cualquier caso, aquella modesta "matanza" rural simplemente ha empalidecido ante el monstruoso exterminio industrial que se desarrolla día a día a puertas cerradas. ¿Qué podrían pensar aquellos hombres y mujeres acerca del escasísimo valor (no únicamente económico, claro está) que brindamos hoy en día a la carne y al sufrimiento animal?

Y es que la función de los mataderos no es únicamente la de sacrificar, de manera higiénica, el mayor número de animales por hora para así rentabilizar al máximo el ininterrumpido proceso industrial. También es la de apaciguar, ensordecer, acallar o incluso eliminar de raíz esa molesta disonancia. Esa desazón, ese prurito, ese resquemor, ese remordimiento, ese incómodo peso en la conciencia. Por el bien de la economía. Y también por la salud mental de los humanos.

La Era de la Carne

Los grandes mataderos comenzaron a edificarse en Londres, Cincinnati y Chicago a mediados del siglo XIX y siguiendo un elaborado plan urbanístico. Anteriormente, el sacrificio de animales se realizaba en variados lugares al aire libre y desperdigados al azar por los pueblos y ciudades. El acelerado crecimiento que, tras la Revolución Industrial, experimentaron ciertas áreas metropolitanas de Inglaterra y Estados Unidos llevó a las autoridades a emprender una serie de reformas urbanísticas relacionadas con la industria cárnica, las cuales estaban encaminadas a reducir los riesgos higiénicos y, sobre todo, a atemperar las lógicas preocupaciones sociales. Es comprensible que quienes detentaban el poder considerasen que un espectáculo de muerte, terror y sangre que hasta ese momento era visible y cada vez más masivo no era precisamente lo más idóneo para la educación moral, el apaciguamiento y la adecuada vigilancia de una población en constante crecimiento. Tal como argumenta la escritora Amy Fitzgerald en su libro *Una historia social de los mataderos*, existían en aquellos tiempos numerosas críticas en torno a los efectos que el espectáculo abierto de la matanza pudiera tener tanto en los matarifes como en el público en general, pues muchos sostenían, probablemente con bastante acierto, que se "educaba a los hombres en la práctica de la violencia y la crueldad, de modo que parecían no tener freno en el uso de la misma"(2).

Gracias a la metódica edificación de los primeros grandes mataderos en las periferias de las ciudades, los urbanitas finalmente dejaron de ver la sangre corriendo libremente por las calles empedradas. Las escabrosas escenas de muerte, así como los chillidos y mugidos de pánico ante la proximidad del afilado cuchillo, quedaron felizmente en el recuerdo. La exitosa fórmula fue muy pronto exportada a otras ciudades de Europa, Estados Unidos y finalmente al resto del mundo. El ocultamiento de la muerte fue y sigue siendo un espectacular éxito global. Sin embargo, y tal como expresó poéticamente George Bataille, "hoy el matadero está maldito y en cuarentena como un barco que transporta cólera. De hecho, las víctimas de esta maldición no son los carniceros ni los animales, sino las propias buenas personas que han llegado a no poder soportar otra cosa que su propia fealdad, fealdad que responde, en efecto, a una necesidad malsana de limpieza, de pequeñez biliosa y aburrimiento; la maldición (que solo aterroriza a quienes la profieren), las lleva a vegetar tan lejos como es posible de los mataderos, a exiliarse por corrección en un mundo amorfo, donde ya no queda nada horrible"(3).

Es evidente que el vertiginoso aumento de la población, así como el consecuente incremento en la demanda de carne, impulsaron la rápida proliferación, a partir del siglo XX, de los mataderos a lo largo y ancho de todo el planeta. Pero no es menos obvio el hecho de que, una vez corrido el telón sobre el pánico y el sufrimiento del animal en sus últimos momentos, aquello a su vez ha propiciado un extraordinario e ininterrumpido aumento exponencial en dicha demanda que perdura hasta nuestros días. Es el pez que se muerde la cola. Recordemos las palabras de la protagonista del cuento corto de Coetzee: "Se me ocurrió que la gente tolera la matanza de animales porque no ve nada de lo que pasa". Un pensamiento que está, por cierto, bastante emparentado con las palabras que Paul McCartney, acérrimo defensor del bienestar animal, ha repetido en más de una ocasión: "Si los mataderos tuvieran paredes de cristal, todos seríamos vegetarianos"(4). O casi todos.

A mediados del siglo pasado, el planeta producía en torno a 50 millones de toneladas de carne por año. Hoy en día se producen alrededor de 360(5). Es decir, la cifra se ha multiplicado por más de siete en solo setenta años. Se estima que en el 2050 la producción podría alcanzar los 570 millones de toneladas, esto es, diez veces más que apenas un siglo atrás(6). Tal como conjetura Martín Caparrós, quizá en un futuro los historiadores hablarán de estos tiempos como "la Era de la Carne"(7). Y no solo se hablará, sino que, muy probablemente, se estudiará con minuciosidad esta vergonzosa y autodestructiva hecatombe cotidiana. Ni siquiera la tasa de crecimiento demográfico humano es capaz de competir con el trepidante aumento anual del número de cabezas de ganado(8). Repito: son solo setenta años. Es apenas el lapso promedio de una vida humana. Un corto período de tiempo que, "casualmente", ha coincidido con la progresiva desertificación del planeta, el aumento de las temperaturas, la erosión de los suelos, el envenenamiento de ríos y mares, la destrucción de los hábitats, la deforestación de las selvas y bosques y la enorme pérdida de biodiversidad. Y el hecho de que desconozcamos lo que ocurre en el interior de los incontables mataderos y granjas industriales que pueblan la Tierra es en gran parte responsable de este rumbo irracional y suicida que hemos emprendido desde hace muchas décadas.

Lo que la verdad esconde

Creemos que sabemos lo que ocurre en los mataderos: "Se matan a los animales". Correcto. Nos lo imaginamos. O más bien imaginamos que podemos imaginarlo (otra cosa muy distinta es que realmente pongamos determinación en ello). Como mucho, si tenemos valor (e intención), somos capaces de imaginar un cuchillo seccionando una garganta y el subsiguiente proceso de desangramiento del animal. Hasta allí. Y ya es bastante.

Pero creedme: no lo sabemos. Sé que la gran mayoría de nosotros no lo sabemos porque yo mismo, que me he pasado muchísimos años torturando mi mente con todo aquello que tenga que ver con el maltrato animal, no sabía verdaderamente lo que ocurría en los mataderos. Fue solo al comenzar a esbozar la idea de este libro y a documentarme cuando empecé a descubrir, con enorme espanto, lo que realmente ocurre en el interior de esas fortificaciones inexpugnables. También entendí perfectamente la razón por la que las empresas cárnicas y los gobiernos no desean que sepamos lo que allí ocurre. Y también comprendí, más que nunca, que es necesario que la gente sepa lo que ocurre. Para que aquello ayude a iniciar un urgente cambio de rumbo. Una vez más: "Se me ocurrió que la gente tolera la matanza de animales porque no ve nada de lo que pasa".

Hay, por supuesto, quienes sí saben muy bien lo que ocurre en los mataderos. Son aquellos que tienen la mala fortuna de trabajar allí. Y lo pagan con su propia salud mental. Es un precio muy alto por hacer el trabajo que la inmensa mayoría de nosotros no querría hacer jamás: matar a un animal. Delegamos esa sucia y horrible tarea en seres humanos desdichados para poder tener carne fresca en nuestras mesas. Modifiquemos un poco la frase de McCartney: si tuviéramos que matar a los animales con nuestras propias manos nos haríamos todos vegetarianos. O casi todos. Hay quienes no tienen la gran suerte de poder delegar en otros ese terrible trabajo.

Y de esta manera, cuando lo único que tenemos que hacer es acudir al supermercado de la esquina para comprar una porción bastante económica de carne asépticamente empaquetada, cuadriculada y refrigerada en la que ni tan siquiera se intuye el rostro del animal sacrificado, nos olvidamos por completo de que esa muerte tiene graves consecuencias, ya sea a nivel emocional o medioambiental. Un indígena, por ejemplo, jamás cavaría su propia tumba, tanto mental como espacial, propiciando una gran hecatombe a su alrededor.

En su estremecedor libro *Mataderos: la impactante historia de avaricia, negligencia y trato inhumano dentro de la industria cárnica de Estados Unidos*(9), la valiente escritora Gail A. Eisnitz se encargó de recopilar los testimonios de cientos de trabajadores. Uno de ellos es bastante revelador: "Lo peor, peor que el peligro físico, es el costo emocional. Si trabajas en el foso de palos (donde se matan los cerdos) durante un período de tiempo, eso te permite aprender a matar cosas, pero no a que te importe. Puedes mirar a un cerdo a los ojos que camina contigo en el pozo de sangre y pensar: «Dios, ese animal realmente no tiene mal aspecto». Es posible que desees acariciarlo. Los cerdos en el foso de matanza se han acercado para acariciarme como un cachorro. Dos minutos después tengo que matarlos, golpearlos hasta matarlos con un tubo. No me importa"(10).

En otro matadero estadounidense los propios trabajadores grabaron un vídeo y lo enviaron al Washington Post. En las imágenes se puede apreciar a los animales avanzando plenamente conscientes por la fila de sacrificio. A uno de los novillos se le aplican electrodos en la boca. En el artículo publicado por el Post podemos leer: "Más de veinte trabajadores firmaron declaraciones juradas en las que alegaban que la violencia mostrada en la cinta era algo corriente y que los supervisores están al tanto de ella". Una de las declaraciones reza lo siguiente: "He visto miles y miles de reses pasar por el proceso vivas… Pueden pasarse siete minutos en la fila y seguir vivas. Allí se les sacan las tripas por el cuello"(11). El artículo también revela que cuando los trabajadores se quejan son despedidos.

Sin embargo, esa gruesa capa protectora de indiferencia e inhumanidad que los trabajadores rápidamente aprenden a construir en torno de sí como simple mecanismo de defensa no evita, tal como reconocía aquel trabajador entrevistado por Eistnitz, la acumulación de una enorme "carga emocional".Lógicamente, los casos de depresión, alcoholismo, síndrome de estrés postraumático e incluso suicidios están a la orden del día. Por otra parte, también se han detectado estrechos vínculos entre la presencia de un gran matadero y las altas tasas de violencia y criminalidad en ciertas comunidades(12). Tal como sostiene la profesora y zoóloga estadounidense Temple Grandin, quien ha dedicado grandes esfuerzos a introducir reformas en los mataderos de su país, las personas corrientes pueden volverse sádicas a causa del trabajo deshumanizador que se desarrolla en el interior de dichas instalaciones(13).

Una veterinaria que trabajó hace pocos años en un matadero inglés describe sus impresiones(14): "Son lugares sucios y mugrientos. Hay heces de animales en el piso, ves y hueles tripas, y las paredes están cubiertas de sangre. Y el olor... te chocas con él como si fuera un muro cuando entras por primera vez y luego permanece en el aire. El olor de los animales moribundos te rodea como vapor. (…) En lo personal, no sufrí lesiones físicas, pero el lugar afectó mi mente. Mientras pasaba día tras día en esa gran caja sin ventanas, mi pecho se sentía cada vez más pesado y una niebla gris descendía sobre mí. Por la noche, mi mente se burlaba de mí con pesadillas, reproduciendo algunos de los horrores que había presenciado durante el día. (…) Una habilidad que dominas mientras trabajas en un matadero es la disociación. Aprendes a volverte insensible a la muerte y al sufrimiento. En lugar de pensar en las vacas como seres completos, las separas en sus partes del cuerpo comestibles y vendibles. No solo facilita el trabajo, es necesario para sobrevivir". También relata el momento en que "uno de los chicos abrió una vaca recién sacrificada para destriparla y el feto de una ternera cayó de ella. Estaba preñada. El joven empezó a gritar y tuve que llevarlo a una sala de reuniones para calmarlo; lo único que él podía decir era: «Simplemente no está bien, no está bien», una y otra vez. Eran hombres que rara vez mostraban alguna emoción, pero vi lágrimas en sus ojos". La extrabajadora confiesa haber sufrido depresión e incluso deseos de suicidarse. También lamenta la incomprensión que encontró a su alrededor: "Cuando le contaba a la gente a qué me dedicaba, recibía o una repulsión absoluta o una fascinación curiosa y jocosa". Se me ocurre que si aquella mujer hubiese portado ciertas fotografías o vídeos consigo quizá habría recibido mayores dosis de comprensión y empatía por parte de sus allegados. ¿Pero quién querría arruinar el estado de ánimo de sus amigos y familiares?

No es sorprendente, pues, que los empresarios tengan grandes dificultades para cubrir los puestos de trabajo. En la mayoría de los mataderos estadounidenses la rotación anual de trabajadores se sitúa entre el 60 y el 100% (en muchas ocasiones incluso se sobrepasa el 100%(15)). Y es que la razón es evidente: ¿Quién querría hacer un trabajo infernal (literalmente) que nadie más aceptaría? Los desesperados de siempre, por supuesto. Personas con graves dificultades económicas. Eso explica que el volumen de inmigrantes en este sector sea tan elevado. Por ejemplo, en Inglaterra en torno al 62% de los trabajadores de la industria cárnica son extranjeros(16), mientras que en Estados Unidos un tercio de los empleados son inmigrantes sin ciudadanía(17). Me ha sido imposible recabar datos publicados en relación a España, pero a tenor de las recurrentes protestas en contra de las penosas condiciones laborales (además del racismo) protagonizadas por el colectivo de inmigrantes, principalmente marroquíes y subsaharianos, el porcentaje también debe de ser bastante elevado(18).

Muros infranqueables

No, no sabemos lo que ocurre en el interior de los mataderos. Recordemos aquella memorable frase del diputado francés: "Resulta más fácil entrar en un submarino nuclear que en un matadero industrial". De modo que solo existen dos maneras de recolectar pruebas y testimonios fehacientes sobre el amplísimo catálogo de horrores diarios que allí se atestiguan: a través de entrevistas a los trabajadores (en su gran mayoría de carácter anónimo) o por medio de la infiltración. Esta última categoría a su vez se divide en dos vertientes: la obtención de un puesto de trabajo en el interior de un matadero tras aprobar los procesos de selección, o la introducción, previo acuerdo con alguno de los trabajadores, de una cámara fotográfica o de vídeo (terminantemente prohibidas, como se comprenderá). Y es que resulta obvio que ni las empresas ni los gobiernos van a brindar ningún tipo de facilidad para que la aterradora verdad salga a la luz.

El caso más paradigmático es el del gobierno de Estados Unidos. Desde hace décadas se aplican en numerosos estados de aquel país las leyes conocidas popularmente como "Ag-gag"(19). Tal como su propio nombre sugiere (*gag*: mordaza), se trata de legislaciones estatales que buscan silenciar los testimonios de denunciantes o de activistas encubiertos. Dichas leyes establecen severos castigos para quienes intenten recolectar información en el interior de los mataderos y granjas industriales sin el consentimiento de los propietarios. Nacieron, como es lógico y por presión de los poderosos *lobbies* ganaderos, para que el público no tenga conocimiento de las terribles prácticas de maltrato animal que allí se realizan.

Estas normativas se aprobaron a principios de los años noventa como respuesta a las actividades encubiertas desarrolladas por el movimiento animalista "Frente de Liberación Animal". Los legisladores de los estados de Kansas, Montana y Dakota del Norte determinaron, a "petición" (entiéndase presión) de los atribulados empresarios, que constituye un delito tomar fotografías o grabar vídeos en una instalación animal sin contar con un permiso previo. Desde entonces, más estados han aplicado, o intentado aplicar (algunos tribunales, afortunadamente, han impugnado tales propuestas), sus particulares versiones de las "leyes mordaza" relacionadas con el maltrato animal: Arkansas, Idaho, Iowa, Carolina del Norte y Utah. Se trata, como es fácil imaginar, de estados que albergan una boyante industria cárnica y lechera. Por desgracia, normativas similares, a imitación de las ya aplicadas en Estados Unidos, se están adoptando en otros países como Australia, Canadá y Francia. En este último país se creó, en el año 2019, una célula de la gendarmería nacional francesa llamada Déméter(20), cuyo objetivo específico es proteger a los agricultores y ganaderos de las intrusiones de activistas en las explotaciones.

El resto de los gobiernos de Europa, por fortuna, aún no han llegado a tales extremos, aunque no es nada descabellado pensar, sobre todo tomando en cuenta la marea conservadora que parece ir tiñendo poco a poco a todo el continente, que pronto se comiencen a aplicar legislaciones similares.

El caso de España es, hay que reconocerlo, algo inusual. En agosto del 2022, y por insistencia del ya mentado Alberto Garzón (una verdadera piedra en el zapato del sector ganadero español), el Consejo de Ministros aprobó una legislación que estipula que todos los mataderos deben instalar cámaras de videovigilancia y guardar las imágenes durante 30 días(21). La norma surgió a consecuencia, precisamente, de la filtración de varias grabaciones con cámara oculta (la única manera de obtener información fidedigna). Tales imágenes ofrecen apenas una pequeña muestra del injustificable maltrato que se desarrolla diariamente en los mataderos de toda España. En una de esas grabaciones, realizada en las instalaciones madrileñas de Cárnicas Salvanés, se puede observar a numerosos corderos siendo lanzados, golpeados y pateados. Uno de los trabajadores se tira repetidamente encima de uno de los corderos. También se aprecia a los animales siendo degollados sin previo aturdimiento, es decir, estando plenamente conscientes. David Herreros, coordinador general de Equalia, una organización animalista que se ha encargado de promover campañas de denuncias en varios mataderos del país, ofrece detalles de las imágenes que se pueden observar en el enlace(22): “El matarife desatiende sus funciones, de modo que algunos corderos pasan sin ser desangrados, permaneciendo colgados junto al resto de animales muertos. Uno de ellos llegó a estar colgado plenamente consciente hasta media hora, momento en que la imagen pierde el rastro del animal. No sabemos si fue desollado vivo”.

Está claro que el ministro Garzón se hizo eco del gran malestar colectivo que generó la difusión de tales imágenes (es totalmente cierto: los vídeos y fotografías causan impacto, el impacto conlleva a una toma de conciencia, y la toma de conciencia deriva en medidas y decisiones). Sin embargo, y más allá de las nobles intenciones de aquel Consejo de Ministros, dicha legislación, *rara avis* en el continente —solo existen leyes similares en Gran Bretaña y Francia(23)—, es más que todo un cosmético accesorio cuyo mensaje básicamente es: “no os preocupéis, podéis seguir comiendo carne en paz y con la conciencia tranquila que algo estamos haciendo al respecto". Las grabaciones de las cámaras están destinadas únicamente al visionado por parte de los servicios de inspección, y eso en el caso de que las soliciten. No está previsto, bajo ningún término, que dichas imágenes se hagan públicas. Además, tal como explica Mauricio García Pereira, quien trabajó en un importante matadero francés durante varios años —y de quien hablaremos profusamente más adelante—, los agentes de inspección suelen mantener buenas relaciones con los propietarios (incluso es bastante frecuente que notifiquen con anticipación sus visitas), de modo que, en el improbable caso de que aprecien alguna "irregularidad", lo más factible es que aquello finalice con una simple reprimenda o, como mucho, con una leve multa. "No lo volváis a hacer, muchachos". Nadie más tendrá conocimiento de ello.

De hecho, se trata incluso de una legislación contraproducente que podría desincentivar la infiltración de nuevas cámaras ocultas, puesto que, en teoría, ya hay allí otras oficiales que supuestamente deben velar por el "bienestar animal". Algún consumidor español ingenuamente bienintencionado (y deseoso de seguir consumiendo carne sin ninguna clase de remordimientos) podría llegar a pensar: "Ya no hay que preocuparse, todo está perfectamente supervisado". Lo que nos lleva, por cierto, a preguntarnos: ¿es realmente posible hablar de bienestar animal en un matadero o en una granja industrial? Aplicado a este contexto, no se me ocurre un oxímoron más flagrante, y tampoco más cínico. ¿Acaso la instalación de tales cámaras evitará que los animales, en medio del terror paralizante y siendo plenamente conscientes del horrible destino que les aguarda, sean "movilizados" por medio de la fuerza bruta por varios operarios durante los últimos metros que les separan de la pistola aturdidora (en el mejor de los casos) y de la afilada hojilla?

Por otra parte, esta nueva y bastante inane disposición gubernamental debería estar plenamente adoptada, en teoría, en todos los mataderos del territorio español hacia mediados del 2024.

¿Realmente se llevará a cabo? Y de ser aplicada, ¿cuánto tiempo tardará un nuevo gobierno en derogarla?

Recabando testimonios

En todo caso, por más cámaras que los propios empresarios instalen en el interior de sus mataderos y por más vídeos (suministrados gentilmente por esos mismos propietarios) que los inspectores visualicen, seguimos y seguiremos contando con los dos viejos métodos para *realmente* enterarnos de lo que ocurre tras aquellas paredes: la recolección de testimonios —en su gran mayoría anónimos— y la infiltración de cámaras ocultas.

Dentro de la primera modalidad destaca el libro *Matadero*, publicado por Gail Eisnitz en 1997, que ya mencionamos unas páginas atrás. La investigadora documenta las entrevistas realizadas a cientos de trabajadores de Estados Unidos, quienes reconocen que, a la velocidad a la que se ven obligados a trabajar (los sacrificios diarios en incontables mataderos de todo el mundo se cuentan por miles), muchos de los animales son desollados de manera rutinaria mientras aún están vivos y se mantienen parpadeando, pateando y/o chillando. No veo ninguna razón para suponer que prácticas muy similares no se realizan en los mataderos de España o de cualquier otro país del mundo (de hecho, existen innumerables testimonios que así lo confirman).

Eisnitz desvela en su libro que a los trabajadores de muchos mataderos estadounidenses se les exige matar más de 1.100 cerdos por hora (no olvidemos que la enorme cantidad de carne que consumimos cada año, así como los precios absurdamente bajos de tales productos, requieren que tanto la cría de animales como su sacrificio se realice a modo y ritmo industrial). Esta endiablada y estresante celeridad lleva a muchos de los trabajadores a pagar su frustración con los animales. La autora entrevistó a un operario que trabajó en diez mataderos. Su testimonio es el siguiente:

"Los cerdos se estresan con bastante facilidad. Si los aguijoneas demasiado, tienen ataques al corazón. Si tienes un cerdo en el tobogán al que le han dado un empujón y tiene un ataque al corazón o se niega a moverse, tomas un gancho y lo enganchas en su boca. Intentas hacer esto cortando el hueso de su cadera. Luego lo arrastras hacia atrás. Estás arrastrando vivos a estos cerdos, y muchas veces el gancho se arranca del agujero. He visto muslos completamente desgarrados. También he visto salir intestinos. Si el cerdo se derrumba al frente de la rampa, le clavas el gancho en la mejilla y lo arrastras hacia adelante"(24).

Un testimonio más: "Una vez que la pistola aturdidora estuvo rota todo el día, les cortaban la parte trasera del cuello a las vacas con un cuchillo mientras aún estaban en pie. Caían, temblando. Y las pinchan en el culo para que se muevan. Les parten el rabo. Les propinan enormes palizas... Y las vacas gritan con la lengua fuera.

'Es tan difícil hablar de esto. Estás sometido a un estrés tremendo, a toda esta presión. Y ya sé que suena horrible, pero yo les he dado descargas (eléctricas) en los ojos. Durante un rato.

'Dicen que el olor a sangre en el foso de desangrado te vuelve agresivo. Y así es. Te dices que si ese cerdo te da una patada, tú harás lo mismo. Vas a matarlo, pero eso no basta. Tiene que sufrir... Le das fuerte, lo empujas con fuerza, sacudes el tubo, haces que se ahogue en su propia sangre. Le partes los morros. Hubo un cerdo que corría por el foso. Me miraba y yo le sostenía la mirada; al final cogí el cuchillo y, zas, le saqué un ojo mientras lo tenía ahí delante. Y el cerdo se limitó a chillar. Una vez cogí el cuchillo, que estaba bastante afilado, y le rebané el extremo del morro, como si fuera una loncha de jamón. El verraco se puso como loco durante unos segundos. Luego se quedó quieto, como si fuera idiota. Así que cogí un puñado de salmuera y se la eché al morro. Entonces sí que se volvió loco, rozando la nariz por todas partes. Aún me quedaba un poco de sal en la mano (llevaba guantes de goma) y se la metí en el culo. El pobre cerdo no sabía si cagar o quedarse ciego. Y yo no era el único en hacer cosas de esas. Uno de los tipos con los que trabajo los persigue hasta hacerlos caer en el tanque de escaldado. Y todos (todos los que trabajan en el matadero) llevan tubos para golpear a los cerdos. Y todo el mundo lo sabe, es de dominio público"(25).

Es de suponer que cuando este trabajador, ya completamente deshumanizado después de tantos años matando y torturando animales, habla de "dominio público", se está refiriendo al conocimiento dentro de la industria cárnica (incluyendo, por supuesto, a los inspectores). Ese dominio público aún no ha llegado a nosotros (y existe un gran esfuerzo mancomunado para evitar que alguna vez llegue). Todos en el sector hacen la vista gorda. Y supongo que muchos allí esbozarían una sonrisa sardónica si se les dijera que cierto gobierno europeo ha instado a los propios empresarios a colocar cámaras de vigilancia para el visionado de otros colegas de la misma industria: los inspectores. Así es, todos hacen la vista gorda. Corrijo: todos *hacemos* la vista gorda. Solo que ellos realmente lo ven, y nosotros damos las gracias por no verlo.

La infiltración

A pesar del enorme valor de las recolecciones de este tipo de testimonios, la gran mayoría de las veces se quedan en papel mojado, pues solemos ser únicamente los ciudadanos con ciertas inquietudes y afectos animalistas quienes nos informamos (y nos indignamos y nos martirizamos) a través de este tipo de investigaciones. Mucho más efectivas son las pruebas gráficas brindadas por personas que se han infiltrado en la industria cárnica o han accedido a introducir cámaras ocultas sumistradas por terceros. Y es que ya lo hemos dicho en varias ocasiones: no hay nada como unas impactantes imágenes reales para *épater le bourgeois*.

En este campo abundan los ejemplos en territorio europeo, y principalmente en suelo francés. Uno de los casos más singulares y emblemáticos es el de Sébastien Arsac, fundador de la asociación francesa L214, una organización vegana cuyos miembros se infiltran en los mataderos para intentar mostrar a los ciudadanos la extrema crueldad que se desarrolla en ellos. Arsac creció siendo el nieto del carnicero del pueblo, de modo que durante su niñez se acostumbró a ver a su abuelo sacrificando cerdos. En una entrevista ofrecida a la BBC, el activista animalista relata: "Podía ver bien el comportamiento del animal: cómo se resistía a morir, cómo chillaba y usaba su fuerza para evitarlo, y creo que esa reacción fue lo que me impactó. Entendí que había algo que no era normal. No me convertí en vegano en ese momento, pero se quedó en mi memoria"(26).

Así es, de manera semejante a mi experiencia con aquel ternero degollado —aunque en su caso la experiencia fue mucho más precoz—, Arsac tampoco tuvo una gran epifanía que cambiase su vida de un momento a otro. Sin embargo, aquellas cruentas imágenes se instalaron igualmente en su subconsciente. Y allí permanecieron, ocasionando una constante y leve perturbación (conozco la sensación). La disonancia cognitiva se mantuvo durante largos años en estado de hibernación. No fue hasta entrada la veintena cuando, leyendo un cómic que giraba en torno a sociedades que no consumían animales, comenzó a preguntarse por qué él sí lo hacía. A partir de ese momento, Arsac y su pareja se convirtieron en vegetarianos. Muchos años más tarde, dieron el lógico paso al veganismo.

Sin embargo, aquello no era suficiente para ellos (puedo entenderlos). Ambos llegaron a la conclusión de que era necesario que la población supiera cómo llegaba la carne a sus mesas. El objetivo confeso es conseguir reducir el consumo de carne en Francia, el cual se ubica en unos 85 kilos anuales per cápita (uno de los más altos del mundo y aproximadamente el doble que la media global)(27). De modo que en 2008 fundaron L214(28) y se pusieron manos a la obra. "Intentamos obtener imágenes de lo que pasaba dentro de un matadero, pero era complicado. La única forma que encontramos fue la de entrar como trabajadores, así que cuando vi un anuncio de que necesitaban gente en un local en Metz, me presenté", relata Arsac. "Fueron tres semanas de trabajo duro con la cámara pegada al cuerpo. Pero yo tenía claro mi objetivo. Sabía que conseguiría impactar y eso me motivaba".

El resultado de todos aquellos esfuerzos fue un vídeo que se publicó ese mismo año a través de Facebook y en el que se pueden observar, entre muchas otras atrocidades, a vacas siendo degolladas mientras penden, muchas de ellas aún conscientes, boca abajo de una pierna, así como a pollos siendo asfixiados con bolsas de plástico y a cerdos que son cruelmente aturdidos con dióxido de carbono. La asociación ha continuado publicando decenas de vídeos hasta el día de hoy, los cuales se pueden consultar simplemente tecleando"L214" en YouTube.

La difusión de aquellas tenebrosas imágenes tuvo, cómo no, un impacto inmediato. La indignación de gran parte de la sociedad fue tal que el ministro de Agricultura, Bruno Le Maire, ordenó la inspección de los 960 mataderos que hay en Francia. Después de que el gobierno francés suministrase aquel placebo colectivo, las aguas se serenaron y el escándalo pronto cayó en el olvido. Hasta que casi una década más tarde, otro vídeo publicado por L214 en 2017 causó un impacto aún mayor. En él se aprecian cerdos hacinados a tal extremo que solo pueden estar de pie. También se puede observar a un empleado que, debido a la acumulación de corderos en la línea de sacrificio, decide matarlos a golpes o lanzándolos repetidamente contra la pared. Uno de ellos es descuartizado vivo.

Tras el nuevo gran escándalo, la Federación Nacional de Sindicatos de Explotaciones Agrícolas lanzó una campaña de vídeos titulada "Los ganaderos respetan a sus animales", a través de la cual, y a semejanza de las propias herramientas empleadas por L214 (aunque en realidad es mucho más similar a la respuesta de Pablo Casado a las "difamaciones" del ministro Garzón), podemos ver y escuchar a trabajadores junto a animales saludables que disfrutan de entornos limpios y apacibles. Aquello, por supuesto, devolvió la calma (y el apetito) a la inmensa mayoría de los ciudadanos franceses, quienes prontamente olvidaron la crudeza de aquellas imágenes. Lo que quedó demostrado después de aquel episodio es que, sin una campaña visual e informativa constante y tenaz (y esto lo saben muy bien los poderes económicos y políticos), muy difícilmente se podrá conseguir un cambio significativo y perdurable en la perspectiva, la sensibilidad, el ideario y los hábitos de una sociedad. Esto también lo sabe a la perfección el propio Sébastien Arsac, quien deja claro durante la entrevista cuál es su cometido final: "Nuestro objetivo es que la gente se cuestione la existencia de los mataderos en sí misma. Hay una creencia de que la normativa ha evolucionado, que todo está muy controlado y de que hoy en día se puede matar animales alegremente".

Nunca mejor dicho. No hay duda de que desde las cúpulas político-económicas nos han hecho creer que, mediante la simple supervisión de los mataderos y granjas industriales por parte de los propios empresarios, el "bienestar animal" está por completo asegurado. Ya podemos tener un sueño tranquilo y profundo mientras hacemos una buena digestión. Y de paso, por lo que solemos leer en la prensa y ver en los noticiarios, nada de ello tiene mucha relación con el cambio climático. No hay nada de que preocuparse, podemos seguir comprando kilos y más kilos de carne en perfecta paz. Crimen perfecto. ¿Teoría conspiratoria? Al 100%. Sin embargo, el hecho de que cierta tesis pueda cargar con el sambenito del despectivo etiquetado de "conspiranoico" no la hace necesariamente menos real.

Y es que se trata de evitar al máximo, por motivos meramente económicos, que empaticemos con el dolor de los animales. Jaques Derrida expresó lo siguiente en relación al maltrato animal: "Tal dominación... podría denominarse violencia en el sentido más moral y neutral del término... Nadie puede negar en serio, o durante mucho tiempo, que los hombres hacemos lo que podemos con el fin de disimular esta crueldad o de ocultarla ante nosotros mismos, con el fin de organizar el olvido de esta violencia a escala global"(29).

Así es, se nos ocultan las imágenes y la información para fomentar el olvido y al mismo tiempo para impedir la generación del incómodo sentimiento de la compasión. Porque está claro que la gran mayoría de los seres humanos somos individuos empáticos a los que nos afecta el sufrimiento ajeno, aunque se trate del sufrimiento de otra especie. No estamos de acuerdo con el maltrato animal. No lo apoyamos. Nos afectan las imágenes de tortura y sufrimiento. Por eso preferimos no verlas (la desinformación también es voluntaria). Cuando las descubrimos por azar, nos indignan y puede que protestemos. Pero nuestra atención es volátil. Nuestra concentración, así como nuestra indignación, son breves. Cada vez más breves en estos tiempos líquidos. Esto lo saben a la perfección, por ejemplo, los sátrapas de todos los rincones del mundo, ya sea en Venezuela, Nicaragua, Bielorrusia, Siria, Arabia Saudí, Irán, Afganistán y pare usted de contar. El lema principal de la Asociación Mundial de Malvados podría ser: "mantente firme y aguanta el chaparrón, que pronto la atención decaerá y se trasladará a otro sitio".

Es un lema que también podría ser aplicable a la Asociación Mundial de Propietarios de Mataderos y Granjas Industriales.

En búsqueda de reacción

Henry Spira era muy consciente de que la apatía e indiferencia de los ciudadanos se debe principalmente al desconocimiento, tanto inducido como voluntario. Spira fue un militante socialista y activista en favor de los derechos de los animales en Estados Unidos. Es considerado uno de los defensores animalistas más efectivos del siglo XX. Esa eficacia se basó en la valentía y tenacidad de sus campañas "publicitarias" contra la tortura animal. Su campaña más célebre se enfocó en las pruebas de cosméticos realizadas en los ojos de los conejos. El 15 de abril de 1980 publicó en The New York Times un espacio publicitario, a página completa, cuyo título rezaba: *¿Cuántos conejos deja Revlon ciegos por el bien de la belleza?*(30). Entre el encabezado y el texto explicativo se podía ver la imagen de un conejo yaciendo junto a unas pipetas de laboratorio. El impacto social de la campaña fue tal que un año después la compañía Revlon ya había donado 750.000 dólares de la época a un fondo para la investigación de técnicas alternativas para las pruebas con animales. Tras Revlon, se sumaron las empresas Avon, Bristol Meyers, Estée Lauder, Max Factor, Chanel y Mary Kay. Todas juntas crearon el Centro de Alternativas a la Experimentación con Animales de la Universidad Johns Hopkins.

Este es tan solo un ejemplo, no vinculado directamente con el consumo de carne, que demuestra el enorme potencial que tienen las imágenes para generar importantes cambios relacionados con el maltrato animal. Por desgracia, no abundan tales ejemplos, así como tampoco sobran los personajes como Henry Spira (su enorme relevancia y singularidad llevaron a Peter Singer, célebre filósofo moral que ha dedicado gran parte de su carrera a la causa animalista, a basarse en él para escribir el libro *Ética en Acción*).

Y ya que hemos mencionado a Peter Singer, vale la pena destacar otro importante ejemplo, utilizado por él en el prólogo de la edición actualizada de su emblemático libro *Liberación Animal*, que ilustra el modo en que la difusión de determinadas imágenes puede lograr efectos inmediatos en la sociedad. Singer inicia dicho prólogo narrando el momento en que, en el 2008, "millones de estadounidenses vieron en las noticias de la tarde, horrorizados e incrédulos, una grabación con cámara oculta en la que se mostraba cómo ganado demasiado enfermo siquiera para andar era pateado, electrificado con varas eléctricas, golpeado en los ojos con porras y trasladado de un lado a otro con carretillas elevadoras con el fin de acercarlo lo suficiente a la caja en la que se le da muerte para luego ser procesado como carne". El encargado del matadero que aparece en las imágenes golpeando y propinando descargas eléctricas en los rostros de las vacas enfermas se defendió luego diciendo: "Solo estaba haciendo mi trabajo"(31).

La indignación que provocó la divulgación de aquel vídeo, grabado en el matadero de Westland/Hallmarck en Chino, California, obligó a las autoridades a ordenar la mayor retirada de carne en la historia de Estados Unidos, ya que comer carne de vacas que son incapaces de moverse constituye un grave riesgo para la salud (en primer lugar, y a una distancia sideral de todas las demás, siempre se encuentra la sagrada salud humana).

Este episodio lleva a Singer a afirmar: "La repulsión que este y otros vídeos de abusos sobre animales grabados ocultamente provocan en la mayor parte de la sociedad sugiere que es la ignorancia, y no la indiferencia, la que permite que se mantenga la crueldad generalizada, institucional, hacia los animales en Estados Unidos".

Obviamente podríamos intercambiar las palabras "Estados Unidos" por "todo el planeta". O al menos por "los países más desarrollados", en los que la producción de carne se ha transformado en un masivo proceso industrial en cadena. No obstante, debemos introducir algunos matices en la aseveración de nuestro muy admirado y siempre optimista Peter Singer. Primero que todo, lo que se ordenó fue la retirada de la carne por considerarse "peligrosa" para el consumo humano. Si la indignación, así como el conocimiento colectivo, sirvieron de algo, fue simplemente para evitar riesgos para la salud de los seres humanos, no para eliminar de raíz las terribles prácticas habituales de maltrato animal. Si algo aprendieron los mandamases de aquel matadero es que no hay que esperar demasiado tiempo antes de sacrificar al debilitado ganado.

Por otra parte... sí, no hay ninguna duda de que la ignorancia tiene mucho mayor grado de responsabilidad que la indolencia (empresas, gobiernos y medios de comunicación se encargan precisamente de que la ignorancia campe a sus anchas). Sin embargo, aquello no exime de cierta responsabilidad a la indiferencia. Cambiando radicalmente de escenario, ¿acaso no nos sentimos todos profundamente indignados cuando, tras la recuperación del poder por parte de los talibanes, las mujeres de Afganistán perdieron, una vez más y de forma inmediata, los derechos más básicos y elementales? ¿Y qué quedó de aquella indignación apenas unos meses después de la retirada del ejército estadounidense? ¿Cuántos se acuerdan hoy en día de las mujeres afganas viviendo en estado de semiesclavitud? Hay pocos ejemplos más ilustrativos (y más descorazonadores) de lo rápido que funciona el olvido colectivo. La población en su conjunto suele tener la memoria muy corta, más aún en estos tiempos acelerados, fatuos y triviales en los que preservar fija la atención se ha transformado en un esfuerzo diario. Y es que la indiferencia es como un insidioso y espeso polvo que vuelve a aposentarse en derredor con extrema facilidad apenas nos damos la vuelta. De modo que la mejor manera de combatir tanto la ignorancia como la indiferencia sería, a modo de recordatorio, la suministración constante de información (sobre todo visual).

El coraje de Mauricio García Pereira

Gran impacto generaron también las imágenes difundidas gracias a la valentía de Mauricio García Pereira. El caso de este extrabajador del mayor matadero de Francia es bastante digno de ser resaltado, pues publicó un libro autobiográfico, titulado *Maltrato animal, sufrimiento humano*, que narra con detalle los horrores que presenció durante sus años como empleado en aquella gigantesca instalación de la ciudad de Limoges.

Acuciado por graves problemas económicos, este hijo de emigrantes gallegos comenzó a trabajar en el matadero en el año 2010. A poco de iniciar su escalofriante relato nos informa que, de cada diez aspirantes (muchos de ellos inmigrantes africanos), "dos o tres no vuelven después del primer día de trabajo. Algunos aguantan una semana o dos, hasta que, durante un descanso, de repente ponen el pretexto de que se han olvidado el paquete de cigarrillos en el coche y se esfuman en el aire, sin que jamás vuelva a oírse hablar de ellos(32)".

El autor incide bastante en la enorme frustración que impera en el ambiente, lo que lleva a los trabajadores a desahogarse con los animales: "Como un operario no puede golpear a su jefe con un palo, golpea al animal. Uno asiste a escenas espantosas, a las que al final se acostumbra muy rápido. Los animales llegan al matadero: de todas formas, se disponen a morir. Algunos operarios no entienden en realidad por qué no pueden golpearlos. ¿Qué cambia eso en el fondo? En ocasiones incluso es un juego. Hay tanta tensión que descargar, tanta frustración…"(33).

Sus impresiones en torno al pánico de los animales ante la proximidad de la muerte difícilmente pueden dejar a alguien indiferente: "Hay que encargarse de entre diez y quince bovinos al mismo tiempo: uno por uno, los animales se niegan a avanzar. A medida que entran en el corredor, tras ellos se cierran unas puertas de metal, de manera que no puedan retroceder. Así quedan atrapados: no les resulta posible dar un paso atrás hasta llegar al estrecho cajón de sacrificio, el espacio reservado en el que el matarife asesta el golpe fatal. En 2010, cuando empiezo a trabajar en el matadero, los muros de este cajón no son demasiado altos. Algunos animales, enloquecidos por el miedo y el olor de la muerte, llegan a saltar por encima de la barandilla. He visto a terneras de setecientos kilos galopar a lo largo de la cadena, en un estado de pánico absoluto. (...) Durante los primeros años que pasé en el matadero, vi escaparse al menos a tres terneras, una decena de corderos y cuatro o cinco becerros, antes de que se reforzaran y elevaran los muros del cajón"(34). Más adelante aporta nuevas impresiones: "En el matadero, los animales están aterrorizados. A menudo se los ve con la cabeza gacha, como si se hubieran resignado y aceptaran la muerte. Algunos animales luchan hasta el último segundo, otros se dejan caer con todo su peso en el corredor de la muerte y se niegan obstinadamente a avanzar, pese a los bastonazos y las descargas eléctricas"(35).

Un empleado de otro matadero francés se comunica con García, tras el gran escándalo desatado que luego describiremos, para transmitirle las siguientes palabras: "Me gustaría dejarlo, no puedo más. Pero tengo créditos que pagar, una familia que mantener, estoy atrapado... Es un oficio inhumano y traumático, ni siquiera logro mirarme al espejo. A mí me gusta el trabajo bien hecho; cuando veo a todos esos animales desangrarse semiinconscientes, a los cerdos que vuelven a levantarse, me vuelvo loco... (...) Ya no tengo fuerzas para volver... Levantarse cada mañana para sacrificar animales inocentes, forzarlos a entrar en una trampa con un aguijón... ya no me quedan fuerzas para eso"(36).

Nota: cualquier sistema de videovigilancia interna solo servirá para constatar y certificar la idoneidad de este procedimiento. No puede haber otro. No hay más que un método industrial en la cadena de montaje (o más bien de desmontaje) para producir tanta cantidad de carne por hora. El propio García Pereira ofrece su particular visión sobre el concepto de "bienestar animal": "Es para mí un sinsentido. Es demasiado contradictorio, demasiado hipócrita. ¿Cómo es posible que el animal esté bien y se deje matar? Se le pueden evitar sufrimientos inútiles, es verdad, pero no darle bienestar alguno"(37).

Para fortuna de nuestro narrador, tan solo una vez debió sustituir a un colega y ocupar el puesto de matarife (su labor principal, mucho menos traumática, era aspirar, tras la muerte, la médula espinal de centenares de vacas al día con una pistola de aire comprimido). Esa única ocasión fue suficiente para dejar una huella indeleble en su memoria: "Un operario desliza una cadena de metal alrededor de la pata trasera izquierda del animal abatido, que es izado por un cabestrante a cinco o seis metros de altura, con la cabeza hacia abajo. (...) No duré ni una hora: no fui capaz. El animal que se despierta y da golpes con las patas, sus ojos conmocionados, el olor del miedo... no lo soporté. Se oyen los mugidos desesperados de los animales en el corredor de la muerte; algunos se mueven hasta tal punto que crees que van a caerte encima(38)". Tras ello, llega el momento del "sangrado". Dos ágiles y certeros golpes de cuchillo propinados por el sangrador en el cuello del animal (muchos de ellos aún en estado consciente, tal como ya ha sido descrito): "De los dos orificios, cada uno al lado del cuello, brota un géiser de sangre que se niega a agotarse hasta que no transcurren varios segundos, como el chorro de los jardines de los parques públicos"(39). No es de extrañar que por las noches le asalten las pesadillas: "Sueño a menudo con vacas que aún están vivas y a las que desangramos. La sangre fluye a raudales, pero el animal se agita en todas direcciones, da patadas furiosas. Me despierto en medio de la noche, cubierto de sudor, completamente aterrorizado. Después de pasar dos o tres noches así, solo esperas una cosa: que llegue el fin de semana para emborracharte hasta perder el sentido"(40).

En relación al ritmo demencial de trabajo, el autor nos ofrece una interesante curiosidad histórica: "el trabajo en cadena se inventó en los mataderos: fue introducido en los de Chicago y Cincinnati a partir de 1870. El procedimiento solo fue recuperado mucho después por la industria automovilística. En su biografía, el industrial estadounidense Henry Ford explica que, de hecho, la idea del trabajo en cadena se le ocurrió al observar el funcionamiento de los mataderos de Chicago"(41).

Y es que prácticamente no hay pausa en la Gran Hecatombe. En el matadero de Limoges se pueden sacrificar, en "un buen día de trabajo", entre "trescientos cincuenta y cuatrocientos bovinos, cerca de doscientos cerdos y unos trescientos corderos"(42). En un solo día, repito. Una vez más: ¿las cámaras internas evitarán acaso que se siga desarrollando este proceso infernal para los animales y deshumanizador para los trabajadores? Un proceso industrial, además, que crece en volumen y velocidad mes a mes en todo el planeta.

¿No deberían las autoridades gubernamentales permitir, e incluso propiciar, la difusión de tales imágenes fuera de aquellas paredes para que los consumidores seamos conscientes del modo en que se "produce" la enorme cantidad de carne que comemos? Veamos algunas reflexiones de García Pereira que vienen al caso: "...todo el mundo está en una dependencia recíproca. Nadie habla, dado que todos quieren seguir ganando el mayor dinero posible. Cada uno tiene su parte de responsabilidad. Más que los mataderos, es la sociedad entera la que falla, al optar por mirar hacia otro lado, al negarse a establecer un vínculo entre el animal y el filete en nuestro plato. Todos consumimos demasiada carne. En la televisión, los *lobbies* multiplican los anuncios que cantan las alabanzas de la carne a buen precio y las cadenas programan cada vez más concursos de cocina. Los establecimientos de comida rápida crecen como setas, mientras que los restaurantes de verdad abundan cada vez menos. Todos somos culpables. Al ceder a los cantos de sirena de la crianza intensiva, nos sacrificamos a nosotros mismos"(43).

"Todos consumimos demasiada carne". Y la única manera de que todos podamos consumir demasiada carne es, aparte de ignorar cómo llega a nuestra mesa, pagando por productos irrisoriamente baratos. Más allá de las millonarias e injustificables subvenciones estatales y comunitarias, de eso se trata precisamente la producción industrial en cadena: de abaratar al máximo el producto. De abaratar esa *cosa*. Peter Singer lo resume así: "Gran parte del sufrimiento que tiene lugar en los mataderos es el resultado del frenético ritmo que debe seguir la cadena de la matanza. La competencia económica significa que los mataderos tratan de sacrificar más animales por hora que sus competidores"(44). García Pereira lo confirma: "La cadencia nos mata. Nos destroza, nos impulsa a hacer lo que sea. (…) Algunos días la cadena va a tal velocidad que los servicios veterinarios se olvidan de estampar los sellos en las canales. Dejan pasar corderos y vacas afectada de abscesos, que hay que retirar a toda prisa. Te insultan, te amenazan para que mantengas el ritmo. Eso es lo único que cuenta. Mantener el ritmo, resistir la presión"(45). No es de extrañar, por tanto, que la inmensa mayoría de los trabajadores no duren mucho tiempo realizando este horrible trabajo. Y si cada planta cuenta con un personal inexperto, deprimido, frustrado, enojado y obligado a mantener un ritmo enloquecedor y embrutecedor de trabajo, ¿cuál puede ser el trato que reciban los animales en sus momentos finales?

En cuanto a los controles sanitarios y las inspecciones, García señala: "Tal vez pudieran tener algún efecto… si a los mataderos no se los avisara con una semana de antelación de la visita de dos o tres de los quinientos inspectores de la sanidad pública veterinaria. Mientras el control se lleva a cabo, el ritmo de la cadena desciende al mínimo. Durante estas inspecciones, los operarios pueden al fin trabajar de una manera lógica, en condiciones correctas. (…) Sin embargo, al día siguiente vuelven a surgir los malos hábitos. ¿Por qué no hay nunca controles por sorpresa?"(46).

La respuesta es obvia: no hay controles por sorpresa, así como no hay cámaras independientes y ajenas al control de los mismos propietarios, porque no interesa a ningún gobierno que la población se indigne ante las atrocidades que se cometen a diario en todos los mataderos. Aquello podría acarrear una importante merma en el consumo. ¿Y cuál gobernante podría permitir que eso ocurra? Primero ha de explotar el planeta antes que permitir el más leve descenso del PIB. Y es que, tal como reza la ya popular frase, "es más fácil imaginar el final del mundo que el final del capitalismo".

Vacas gestantes

Pero lo que realmente terminó por afectar gravemente la salud mental de nuestro narrador, y que además le llevó a sumergirse de lleno en el alcohol (algo, según él, bastante frecuente entre los trabajadores de cualquier matadero), fue presenciar, al igual que le sucedió a aquella veterinaria inglesa, el sacrificio de una enorme cantidad de vacas gestantes. Un día, García toma conciencia de que cada tarde se tiran a la basura más de quince fetos, algunos de ellos ya en perfectas condiciones para ser alumbrados. "Empiezo a darme cuenta de que la ética y el respeto no tienen lugar en el matadero. Ni para con los hombres ni para con los animales"(47). Viene bien recordar el título de su aterrador libro: *Maltrato animal, sufrimiento humano*. También vale la pena mencionar, dicho sea de paso, que García Pereira no es vegetariano ni manifiesta ninguna intención de serlo. Tan solo está en contra del consumo excesivo de carne y del injustificable maltrato animal, dos dinámicas que, de forma lógica, están intrínsicamente entrelazadas.

"Cada día se mata a decenas de terneros listos para nacer. De repente me asalta una idea loca: si se decidiera dejarlos vivir, se podría crear con ellos la mayor granja del mundo(48). ¿Por qué se mata a vacas en estado de gestación? (...) Primero, porque ninguna ley lo prohíbe, tan simple como eso. El sacrificio de vacas gestantes está tolerado por la Unión Europea, que tan solo señala en una normativa de 2004 la obligatoriedad de no transportar «hembras embarazadas que hayan superado el 90% del período de gestación». (...) Sin embargo, las vacas paren con frecuencia en nuestros mataderos"(49).

Las aterradoras experiencias de García Pereira en Francia y de aquella veterinaria en Inglaterra tienen su correlato al otro lado del Atlántico. Veamos a continuación el testimonio ofrecido por el trabajador de un matadero estadounidense: "Llegaba a casa de mal humor... Me iba directamente a la cama. Les gritaba a los críos, cosas así. Una vez me puse realmente furioso: mi esposa lo sabe. Una ternera de tres años iba por el pasillo del matadero. Y estaba pariendo allí mismo: lo tenía medio dentro, medio fuera. Joder, el jefe se cabreó de verdad... A esos terneritos los llaman «escapados». Usan su sangre para investigaciones sobre el cáncer. Y lo quería. Lo que suelen hacer es que cuando las tripas de la vaca caen en la mesa, un empleado le abre el útero y saca a esos terneros. No es moco de pavo tener a una vaca colgada ante ti y ver a su cría dentro, dando patadas, intentando salir... Mi jefe quería a ese ternero, pero yo lo envié de vuelta al corral... Me quejé a los capataces, a los inspectores, al supervisor del matadero. Incluso al encargado de toda la división de ternera. Un día mantuvimos una larga charla en la cafetería sobre toda esta mierda que estaba pasando. Estoy tan furioso que a veces estrellaría el puño contra la pared al ver que no hacen nada al respecto... Nunca he visto a un veterinario cerca del lugar del noqueo. Nadie quiere ir allí. Mira, soy un exmarine. La sangre y las tripas no me molestan. Es lo inhumando del tratamiento. Es excesivo"(50).

Retornemos al enorme matadero de Limoges. García Pereira, tras decidir que no puede seguir soportando el ser testigo del sacrificio de tantas vacas gestantes, procede a tomar fotografías a escondidas con su teléfono móvil. Corre el grave riesgo de perder su trabajo, ya que, debido a la reciente filtración de otros vídeos repugnantes grabados en el matadero de Alès, sus superiores han prohibido terminantemente la presencia de teléfonos en la cadena de sacrificio. Envía las fotografías a Sébastien Arsac y a su pareja Brigitte Gothière, los fundadores de la organización L214. Al comunicarse con ellos, explica: "Trabajo en el matadero municipal de Limoges, el más grande de Francia, donde matamos cada día, sin excepción, a vacas en estado de gestación. En ocasiones esperamos a propósito veinte minutos antes de abrir la vaca, para que el ternero que esté listo para nacer se ahogue en el líquido amniótico. La madre ha muerto hace ya un rato, pero aún se ve cómo su vientre se remueve. Si abriésemos la bolsa y auxiliáramos al ternero, podría vivir"(51).

Arsac y Gothière se ponen manos a la obra. Estamos en el 2016. La asociación publica los vídeos grabados por García, en los que se pueden observar decenas de fetos de terneros perfectamente formados que van directamente a la basura(52). También difunde las imágenes grabadas por otro operario del mismo matadero de Limoges a quien García no conoce: reses que, al negarse a avanzar en la cadena de sacrificio, reciben descargas eléctricas en los ojos; vacas, cerdos y cabras que recobran la conciencia justo en el momento de ser desangrados. Los vídeos llegan a los noticiarios estelares de toda Francia. Estalla el escándalo. García, tras darse de baja en el matadero por evidentes problemas psicológicos, decide dar la cara con valentía. Se presenta a varios platós de televisión, brinda numerosas entrevistas a los medios de comunicación. Más tarde escribirá el libro.

Las autoridades del matadero, por su parte, guardan estricto silencio. Son perfectamente conscientes de que solo hay que aguardar a que la marea baje. Únicamente aparece el director en un reportaje televisivo, en el que apenas anuncia que García deberá asumir las responsabilidades ante un comité disciplinario por las fechorías que ha realizado: "Las imágenes de vacas gestando que he visto no revelan ninguna irregularidad, al contrario que introducir una cámara en el lugar en el que la captación de imágenes está sometida a autorización". En una conferencia de prensa posterior, añade cínicamente: "Nos limitamos a cumplir la reglamentación. Si las reglas del juego cambian, lo aceptaremos"(53).

En cuanto a la reacción gubernamental, García relata: "Casi toda la clase política de Limoges me critica, en un impulso unánime destinado a evitar a la capital de las especialidades cárnicas cualquier clase de publicidad negativa. Mediante un comunicado enviado en nombre de los concejales socialistas, la alcaldía llega a recibir el apoyo de la oposición. Solo la concejala ecologista, Marie-Anne Robert-Kerbrat, exige al alcalde que las prácticas que ha descubierto gracias a mi vídeo cesen de inmediato y le implora que se abstenga de hacerme pagar mis revelaciones"(54).

Un año después de la difusión de las imágenes, cuando ya la atención de la población ha mermado y se ha dirigido al siguiente escándalo de turno, la alcaldía de Limoges da muestras de orgullo en el periódico local: "La crisis ha estado bien gestionada por la alcaldía, el personal y los sindicatos. Podría haber tenido consecuencias dramáticas en el tonelaje y el empleo". García señala en relación al tonelaje: "es lo único que cuenta para ellos"(55).

Pero a pesar de todos los obstáculos y desaires, los miembros de L214 perseveran en la exigencia de una nueva ley contra el sacrificio de las vacas gestantes y mayor respeto hacia los animales. Lo único que consiguen es la instalación (oh, sorpresa) de cámaras de videovigilancia en los mataderos a partir del 1 de enero del 2018. García escribe en relación al proyecto de ley: "Una enmienda del diputado Oliver Farloni (*sí, el mismo del «submarino nuclear»... las cursivas son mías*) establecía la instalación de cámaras en todas las zonas en las que hubiese animales vivos, después de una fase de experimentación. Las imágenes, conservadas durante un mes como máximo, solo podrían ser vistas por los servicios veterinarios y los responsables de la protección animal (empleados del matadero que deberían asegurarse del trato correcto a los animales). La prohibición de matar hembras en el último trimestre de gestación fue inmediatamente rechazada por los diputados. Me sentí decepcionado y completamente asqueado"(56).

El cruel peaje previo de las granjas industriales

Pero incluso tomando en cuenta la infinita variedad de maltratos y torturas a los que se ven sometidos los animales durante sus últimos, dolorosos y terroríficos minutos de vida, pudiera ser válido pensar que gracias al matadero se están librando al fin de toda una existencia miserable plagada igualmente de tormentos y vejaciones. Y es que, tal como afirmó Arthur Schopenhauer, "el hombre ha hecho de la Tierra un infierno para los animales". Y el célebre filósofo llegó a esta conclusión cuando aún no se habían expandido por todo el planeta los grandes mataderos, y muchísimo menos las granjas industriales. ¿Qué habría pensado de haber presenciado el trato (pensaba escribir "inhumano", pero en realidad no hay nada más humano que el trato inhumano) que dispensamos hoy en día a unos seres sintientes transformados en meros objetos a los que podemos utilizar, maltratar, matar y sacar provecho como nos venga en gana? Si en sus tiempos aquello lo calificaba como un "infierno", me cuesta imaginar la palabra que emplearía en la actualidad.

Sea como fuere, si al menos se nos permitiese hablar de "muerte piadosa" quizá podríamos llegar a pensar, con cierto alivio, que ese cruento final en el matadero es la culminación de toda una existencia convertida, minuto a minuto y desde el momento del nacimiento, en un incesante calvario. Pero ni siquiera nos queda ese triste consuelo. Y es que en realidad resulta muy difícil dilucidar qué es peor: la muerte cruel en los mataderos o la cruel muerte en vida en las macrogranjas (no olvidemos que la gran mayoría de la carne que compramos en los supermercados proviene de animales criados y engordados en granjas industriales). En caso de que los animales poseyeran un grado más elevado de raciocinio (el propio Darwin sostenía que la diferencia de inteligencia entre ellos y nosotros es de *grado* y no de *clase*), pudiera ser que, tras su traumático paso por las granjas industriales, los propios animales ofrecieran dócilmente su cuello para ser degollados. Cualquier cosa antes que retornar al oscuro hueco del que venían. Pero esto también es sumamente improbable: los animales, al igual que los humanos, suelen aferrarse con todas sus fuerzas a la vida de forma visceral e irracional. Es un comportamiento bastante similar —por no decir exactamente igual— al que exhiben los humanos que, tras haber pasado años sufriendo en corredores de la muerte, reclusiones brutales o campos de concentración, se encaran con indecible pánico y con una natural resistencia instintiva ante el terrorífico momento del ajusticiamiento.

Muchos defensores de la industria agropecuaria argumentan que la actividad que se desarrolla en las granjas industriales no es más que la prolongación de un pacto ancestral que se escenificó, hace muchos miles de años, en diversos puntos del globo. Estamos hablando del momento en que surgió la ganadería por vez primera en nuestro planeta. Tal pacto tácito (y metafórico, por supuesto) entre el homo sapiens y los primeros animales domesticados podría resumirse de la siguiente manera: "yo, ser humano poseedor de una inteligencia asombrosa e inigualable que me ha hecho dueño y señor de todas las cosas sobre la Tierra, me comprometo a cuidarte, alimentarte y protegerte de los depredadores. A cambio, y pasados algunos años, tú me ofrecerás tu carne para alimentar a mi familia". Quizá ese pacto fue beneficioso durante largos milenios para ambas partes, y no sería descabellado suponer que, en caso de poseer el don del habla o de la escritura, los animales de granja habrían suscrito plácidamente tal acuerdo. Y es que, tal como muchos ganaderos (y demás carnívoros) afirman, la alternativa a la granja es la horrible muerte a dentelladas.

Pero todo ello, evidentemente, ha cambiado. El ser humano ha hecho trizas aquel pacto ancestral. Si hubo algún respeto hacia la fuente más preciada de nuestra alimentación, aquello definitivamente es cosa del pasado. Una vez más, si a los animales se les permitiese escoger y tuvieran la capacidad cognitiva para hacerlo, hoy en día antepondrían sin dudarlo los peligros de la selva y la sabana (tal como hacen a diario millones de ñus, búfalos, cebras, jabalíes, antílopes, liebres, faisanes y pare usted de contar) a una vida miserable, corta, tediosa y sumamente cruel escenificada en poquísimos metros o incluso centímetros cuadrados. "Si yo fuera cabra, preferiría arriesgarme a los leones y los chacales"(57), se puede leer en *El matadero de cristal* de J. M. Coetzee.

Y, al igual que ocurre con los mataderos, es una realidad de la que tampoco queremos saber nada. Michael Pollan escribe: "Comer carne procedente de granjas industriales implica un acto casi heroico de desconocimiento, o, también, de olvido"(58). De más está decir que los poderes políticos, económicos y mediáticos suelen complacer gentil e interesadamente ese anhelo colectivo de bienaventurada ignorancia. Por desgracia, voy a incomodar nuevamente a aquellos lectores que, llegados a este punto, aún sienten la necesidad o la simple curiosidad de conocer un poco más acerca de las vicisitudes más probables que experimentó durante su cautiverio el animal cuyo frío trozo de carne yace en estos momentos en la nevera.

Nota: En función de los objetivos de este libro, que no son otros que conectar ciertos puntos y así brindar una gran panorámica sobre los desmanes de la industria cárnica, nos limitaremos a describir el trato general y mayoritario que reciben en las granjas industriales de hoy en día las tres especies de animales más consumidas por la población mundial: aves de corral, cerdos y vacas. Imaginar que otras especies comestibles y criadas igualmente en granjas no sufren también variadas formas de maltrato me parece un pensamiento bastante ingenuo (baste pensar, por ejemplo, en el triste destino que aguarda a millones de ocas, patos y gansos para obtener el preciado *foie gras*). Por otra parte, la mayoría de la información que presento a continuación, y a falta de trabajos más enjundiosos que aborden con detalle y precisión la actividad específica en nuestro país, proviene de las fuentes consultadas por Jonathan Safran Foer y Peter Singer para sus respectivos libros *Comer Animales* y *Liberación Animal*. Dicha información corresponde a las condiciones de vida de los animales en las incontables granjas industriales esparcidas por Estados Unidos. No veo razón alguna para suponer, sobre todo tomando en cuenta que Estados Unidos dicta la pauta a seguir por las demás naciones en prácticamente toda actividad industrial, que tales condiciones no son bastante similares a las que existen en el resto del mundo y en especial a las de España, un país que, históricamente y hasta nuestros días, jamás se ha distinguido precisamente por prodigar un trato demasiado benigno a los animales que no puedan servir de mascota. Por otra parte, numerosos reportajes fotográficos publicados en nuestro país, la gran mayoría de ellos realizados sin el consentimiento de los propietarios, demuestran que lo que se describirá a continuación es perfectamente aplicable a la realidad de las macrogranjas españolas(59).

Aves de corral

Para empezar, las aves criadas en las granjas industriales y que no estén destinadas a poner huevos suelen vivir entre treinta y nueve y cuarenta y dos días antes de ser sacrificadas. Es decir, un animal que puede vivir entre siete y diez años, en ocasiones mucho más, ve reducida su esperanza de vida a tan solo seis semanas. Mes y medio. Bueno, esto si tienen la "buena fortuna" de nacer hembras, pues cada año miles y miles de millones de polluelos machos son sacrificados en todo el mundo poco después de nacer debido a que no tienen ningún valor para la industria del huevo. Sus vidas se cuentan en segundos. Apenas han salido del cascarón son exterminados en masa siguiendo variados métodos: asfixiados dentro de sacos, gaseados, aplastados en contenedores o triturados vivos.

Las aves que sobrevivan a la criba inicial y cuyo destino es servir prontamente de alimento no les irá mucho mejor. Sufrirán un acelerado proceso de engorde que las llevará a pesar 2 kg al final de esas cortas seis semanas. Dicho proceso es tan atroz que los huesos de estas aves, ya de por sí enfermas, con lesiones, infecciones y afecciones cardíacas, suelen romperse con extrema facilidad. Se estima que aproximadamente un 30% de las aves que llegan a los mataderos presentan huesos rotos debido al bestial coctel de engorde y de administración de antibióticos, así como a las brutales condiciones de transporte(60). En cuanto al proceso de sacrificio, las aves arriban plenamente conscientes a la cadena transportadora del degollador automático. Es habitual que tras el paso por la máquina muchas aves no se desangren por completo y permanezcan con vida. Esta es la razón por la que, según el testimonio de muchos trabajadores de los mataderos, incontables animales llegan aún conscientes al tanque de escaldado(61).

Tampoco tendrá mejor suerte la gallina ponedora, más allá de conseguir prolongar el suplicio entre dieciocho meses y dos años más. Cuando ya haya quedado por completo extenuada y exprimida tras dar todo lo que podía de sí (es decir, centenares de huevos), será sacrificada. Mientras tanto, pasará el resto de su triste existencia encerrada junto a otras cuatro o cinco compañeras de desdichas en una mínima jaula metálica. El espacio disponible para cada animal tiene un promedio de 450 centímetros cuadrados, es decir, un área menor a la de un folio A4. Es un espacio tan reducido que a las aves incluso les cuesta darse la vuelta con facilidad. Las condiciones son tan adversas que, a pesar de que los animales se aferran con todas sus fuerzas a la vida, entre el 10 y el 15% de las gallinas ponedoras suelen fallecer antes de cumplir su vida útil. Según el gerente de una granja de huevos de 50.000 aves en California, “estas aves no mueren de ninguna enfermedad. Simplemente no pueden soportar el estrés de vivir hacinadas"(62).

Es bastante común que en oscuras naves de aproximadamente 130 metros de longitud convivan alrededor de 30.000 aves colocadas en jaulas en batería. Cuando la iluminación es normal (los encargados sumen a las aves en muchas horas de oscuridad con el objetivo de intentar atenuar el estrés constante) se producen incontables peleas debido a la tensión por el hacinamiento, el aburrimiento y la absoluta ausencia de actividades naturales que permitan liberar la energía acumulada. Los animales se despluman unos a otros a picotazos, llegando a matarse en incontables ocasiones. Es bastante frecuente que la víctima sea devorada a continuación, con lo cual el canibalismo es habitual. Esta es la razón por la que a la gran mayoría de las aves se les extirpa la punta del pico a través de una operación extremadamente dolorosa y que deja secuelas de por vida (los empresarios, en su eterno afán por reducir al máximo los costes, obviamente desean perder el menor número de máquinas ponedoras de huevo). El profesor de zoología Rogers Brambell describe la operación de la siguiente manera: "Entre la sustancia córnea y el hueso hay una fina capa de un tejido blando extremadamente sensible, parecido a la carne viva de la uña humana. El cuchillo caliente utilizado en la amputación del pico atraviesa este compuesto de sustancia córnea, hueso y tejido sensible, causando un dolor intenso"(63). Es también bastante habitual que las aves pierdan peso durante las semanas posteriores a la mutilación, prueba de que el intenso dolor en el pico es incesante.

El interior de las estrechas jaulas difícilmente puede ser más incómodo. Los suelos metálicos tienen un leve desnivel para que el huevo se deslice grácilmente hasta el frente de la jaula y allí pueda ser recogido o trasladado a través de una cinta transportadora. Este desnivel, aunado al hacinamiento extremo y al estrés, impide que las aves puedan estar cómodamente de pie o incluso en posición de descanso durante mucho tiempo. Además, el suelo metálico, cuyo objetivo es que los excrementos caigan a través de las rejillas y se amontonen en la parte inferior, produce frecuentes lesiones y laceraciones en las patas de los animales. Debido a la ausencia de un suelo sólido en el que se puedan desgastar las uñas, estas crecen en demasía y suelen engancharse a los alambres de las jaulas de forma permanente. De más está decir que, durante sus breves, estresantes y enloquecedoras existencias, no tienen ocasión alguna para dar rienda suelta a cualquiera de sus instintos naturales: andar, escarbar la tierra, explorar el entorno, estirar las alas, construir un nido, formar grupos sociales, disfrutar de la luz del sol… Se han realizado variados experimentos y pruebas en los que la mayoría de las aves prefieren sin dudar un corral sin comida a una jaula que sí la contenga(64). El naturalista Roy Bedichek hizo la siguiente reflexión: "He observado atentamente a los pollos criados de esta forma y, en mi opinión, parecen muy infelices (…). Los pollos en batería que he observado parecen haber perdido la cabeza a una edad en que normalmente estarían despegándose de sus madres y cazando saltamontes por su cuenta en los yerbajos. Sí, de hecho, la granja avícola en batería se convierte literalmente en un manicomio gallináceo"(65). Según cifras aportadas por la FAO, más de seis mil millones de pollos son criados de esta manera cada año en la Unión Europea, más de nueve mil millones en América y más de siete mil millones en China. Aproximadamente cincuenta mil millones de aves viven y mueren cada año bajo estas espantosas condiciones en todo el mundo(66). Cincuenta mil millones. Más de seis aves por cada ser humano que puebla actualmente la Tierra. Huelga decir que son cifras que no hacen más que crecer año tras año.

Cerdos

Según Peter Singer, "entre todos los animales que se comen habitualmente en el mundo occidental, el cerdo es, sin duda, el más inteligente. Su inteligencia natural es comparable y quizá incluso superior a la de un perro(67)". No pongo en duda, por supuesto, el alto grado de raciocinio de los cerdos. Quien haya tenido la oportunidad de interactuar con ellos, habrá podido observar no solo la inteligencia que emana de sus actos (y de sus ojos), sino también sus capacidades sociales y su predisposición a buscar afecto entre los suyos y también con los humanos. Sin embargo, debo decir que esto también lo he encontrado en otros animales que nos comemos, incluyendo a las vacas y los terneros. En países en los que por fortuna deambulan con plena libertad, me he topado en varias ocasiones con vacas junto a sus crías que se han acercado espontáneamente a mí en busca de cariño corporal. También son fácilmente perceptibles sus complejas y refinadas interacciones grupales. Y lo mismo me ha sucedido con bueyes, corderos, ovejas, cabras, caballos, burros... Tan solo bastan unos pocos minutos y un mínimo de interés y curiosidad para darse cuenta, con cierta sorpresa, de lo extraordinariamente sensibles que suelen ser los animales al cariño y la atención. Y es que los animales son pura emoción. Lo cual nos obliga a formularnos una pregunta cuya respuesta no es fácil de encontrar: ¿qué hace exactamente que esté mal visto en Occidente comer perros y gatos y, en cambio, poco o nada se diga en relación a otros animales que también comparten con ellos comportamientos similares y un grado equiparable de inteligencia? La respuesta más sencilla, y quizá la más acertada, es que hemos humanizado a los perros y gatos, mientras que la actividad ganadera se ha encargado, al ignorar u ocultar los atributos y cualidades que nos vinculan con ellos, de deshumanizar a los animales que nos comemos. Humanizar y deshumanizar. Todo siempre gira en relación a nosotros. "El hombre es la medida de todas las cosas" afirmó Protágoras hace dos milenios y medio. Siempre ha sido así y es algo que no va a cambiar. No es, por supuesto, una respuesta demasiado racional ni mucho menos satisfactoria.

En todo caso, no puede haber mayor disonancia entre la vida que hemos creado para los cerdos y sus capacidades cognitivas y necesidades afectivas. Al igual que sucede con las gallinas, se mordisquean unos a otros al encontrarse hacinados en medio del estrés y el tedio constantes. Pero en lugar de desplumarse y practicar el canibalismo, los cerdos se muerden mutuamente los rabos, algo que ocasiona frecuentes peleas en las pocilgas. Para evitar esta dinámica, y de manera similar a lo que acontece con los picos de las gallinas ponedoras, los criadores de cerdos suelen extirpar los rabos por medio de una intervención con alicates sumamente dolorosa y que genera frecuentes hemorragias.

Y, al igual que las aves enjauladas, los cerdos confinados padecen un alto grado de tensión que en muchas ocasiones les ocasiona la muerte (en torno al 10% muere antes de haber completado el proceso de engorde, el cual dura apenas unos seis meses). Se trata de una patología que recibe el nombre de "síndrome de estrés porcino", cuyos síntomas son "tensión extrema, rigidez, pústulas en la piel, jadeos, ansiedad y, a menudo, muerte repentina"(68).

La gran mayoría de los cerdos pasan toda su vida en reducidos espacios interiores. Nacen en una unidad de parto y son amamantados por la madre que se halla completamente inmovilizada en un cajón de barrotes de aproximadamente 60 x 240 cms (o incluso menos), un espacio apenas un poco más grande que el propio animal(69). Allí solo puede permanecer recostada mientras unos diez o doce lechones se alimentan de sus ubres (muchos de ellos mueren aplastados o asfixiados a las pocas horas o días). Al igual que las jaulas de las aves, las cajas metálicas poseen rejillas destinadas a vaciar, o más bien trasladar, la enorme cantidad de purines, rejillas que además de incomodar aún más a los animales ocasionan graves heridas en pies y patas. Los lechones permanecen con la madre unas cinco semanas hasta que se produce el destete (normalmente las crías mamarían unos tres meses). Tras ello, la desdichada cerda reproductora retorna de nuevo a otra caja, esta vez la jaula individual de gestación, donde será inseminada una vez más y en la que permanecerá encerrada otras cuatro o cinco semanas. Durante todo ese tiempo, el animal no puede caminar ni hacia adelante ni hacia atrás, ni por supuesto darse la vuelta (todo vale para ahorrarle a la cerda energía motriz y por tanto alimento, así como gastos en empleados). El ciclo puede repetirse más de dos veces por año (el promedio es de 2,6 camadas al año(70)). Tres años más tarde, la cerda reproductora, la cual podría vivir unos quince años en condiciones normales, es sacrificada. Un importante director corporativo de la empresa Wall's Meat Company opinaba que "la cerda de cría debería ser considerada, y tratada, como una valiosa pieza de maquinaria cuya función es bombear lechones como una máquina de salchichas"(71).

Los lechones, por su parte, son trasladados a otros espacios interiores y extremadamente hacinados donde, en caso de no ser sacrificados de inmediato con el fin de complacer los paladares más exquisitos, son engordados durante cinco o seis meses hasta alcanzar con la mayor rapidez posible un peso mínimo en torno a los 100 kg. Una de las más claras señales de estrés y aburrimiento de los cerdos mientras permanecen confinados es la propensión a roer y mascar continuamente las barras de los establos, algo que se conoce en estos ambientes como "comportamiento estereotípico" o "estereotipia". Es lo único que pueden hacer unos animales que, en condiciones naturales, estarían explorando el territorio en busca de alimento y cuyos instintos naturales les empujan a ser dinámicos, activos, curiosos y sociables. Una vez cumplidas las expectativas del acelerado engorde, los animales están listos para ser montados en el camión que les conducirá al matadero.

Antes de concluir este breve y muy resumido apartado, vale la pena mencionar el impacto (ya olvidado y archivado, por supuesto) que provocaron las imágenes difundidas por el fotoperiodista Aitor Garmendia en el año 2020. El trabajo, titulado *Tras los muros*(72), recopila una serie de escalofriantes instantáneas realizadas en treinta granjas porcinas de Aragón, Castilla-La Mancha y Castilla y León. En dichas imágenes, las cuales llamaron bastante la atención del periódico The Guardian, se observan lechones recién nacidos tirados sobre heces, cerdos con graves heridas cubiertas de pus y cadáveres dispersos en diversos estados de descomposición. El medio británico consultó la posición de Interporc, la patronal del sector. La respuesta fue la siguiente: "Los asaltos ilegales a las granjas españolas tienen como único objetivo dañar al sector utilizando imágenes fuera de contexto que no se corresponden con la realidad de las más de 80.000 granjas porcinas españolas"(73). No obstante, el periódico también recuerda que en el año 2016, último ejercicio del que se tenían datos en ese momento, se detectaron un 19% de irregularidades en las granjas inspeccionadas. Sea como fuere, una vez más todo aquello cayó rápidamente en el saco sin fondo del olvido.

Vacas y terneros

El sufrimiento en las granjas industriales de estos animales a lo largo de sus cortas vidas no se queda, por supuesto, a la zaga del de las aves y los cerdos. Para empezar, muchos ganaderos recomiendan realizar el destete del ternero a partir de los 55 días, a pesar de que normalmente el animal podría continuar alimentándose de las ubres de su madre durante unos 300 días. El precoz destete es un momento sumamente traumático y estresante tanto para la madre como para las crías, razón por la cual los terneros bajan de peso y están mucho más expuestos a diversas enfermedades durante las semanas siguientes. Sin embargo, prolongar algo más el período de lactancia afectaría la rentabilidad de la industria lechera, y por supuesto nadie desea que los bolsillos de los grandes empresarios se vean afectados.

Sobra decir que esta poderosísima industria junto a sus *lobbies*, a través de recurrentes campañas publicitarias y gracias al apoyo y las subvenciones de los gobiernos, han convencido a millones de personas de que beber leche de vaca, una sustancia cuyo propósito natural es acelerar al máximo el crecimiento y el engorde de las crías en el menor tiempo posible, es beneficioso para el ser humano hasta el día de su muerte (de hecho, somos el único animal del planeta que bebe leche durante toda su vida, y habría que preguntarse cuáles son las razones, así como las posibles consecuencias negativas, de esta insólita aberración en el reino animal). Similares campañas, bastante efectivas, hay que reconocerlo, han persuadido a la gran mayoría de la población de que solo la carne es capaz de proveernos el exorbitante número de proteínas que supuestamente necesitamos cada día, cuando en realidad abundan los estudios científicos que desmienten los bulos recurrentes en torno a los teóricos déficits alimentarios que padecen los vegetarianos y veganos(74). Una manera bastante sencilla y rápida de desmentir estas supuestas carencias proteínicas es hacer un somero repaso a los triunfos de grandes leyendas del deporte que han compaginado sus exitosas carreras con una dieta 100% vegana, tales como Novak Djokovic, Serena y Venus Williams, Lewis Hamilton y el ultramaratonista Scott Jurek, este último autor del libro *Correr, Comer, Vivir*(75).

Pero no nos distraigamos. Una vez realizado el precoz destete, la vaca lechera continuará suministrando litros y litros de leche durante los diez meses siguientes. Estas vacas suelen vivir en recintos interiores de las macrogranjas. La gran mayoría de los animales cuentan con el espacio justo para ponerse en pie o tumbarse. Tras la retirada del ternero, se ordeña a la vaca dos o incluso tres veces al día. Al tercer mes es inseminada de nuevo. Continuará siendo ordeñada hasta unas seis o siete semanas antes del siguiente parto. Una vez retirada la siguiente cría se reinicia el ciclo, una y otra vez, todo lo cual puede durar unos cinco años. Llegados a este punto, la vaca, completamente exhausta y desgastada, es despachada sin miramientos al matadero.

Por su parte, el ternero recién destetado es enviado, junto a otros compañeros igualmente traumatizados y aterrorizados, a reducidos cobertizos o cajones en los que vivirán hacinados y serán alimentados hasta alcanzar unos 180 kilogramos. Allí, de más está decir, tampoco serán capaces de dar rienda suelta a cualquiera de sus instintos y conductas naturales. El objetivo principal de mantenerlos prácticamente inmovilizados y evitar que consuman pasto es, más allá de reducir costes de producción y salarios de empleados, conseguir que sus carnes permanezcan lo más blandas y pálidas posibles, lo cual supone un manjar exquisito para infinidad de sibaritas.

Ahorraremos al lector los escabrosos detalles en torno a las extremadamente dolorosas operaciones de castración, extirpación de cuernos y marcaje con hierro candente que suelen sufrir millones de estos animales cada año. Al cumplir entre doce y catorce meses de vida —en condiciones normales podrían vivir unos 25 años—, los terneros son introducidos a la fuerza en un camión y enviados directamente al matadero. Al igual que ocurre con las aves, cerdos, corderos y demás, los terneros, así como las vacas que ya han cumplido su extenuante labor reproductora, pueden enfrentarse a viajes de hasta 30 horas (en ocasiones mucho más) en los que normalmente son privados por completo de agua y comida(76). Prácticamente todos los animales pierden peso durante el trayecto. Muchos llegan sin vida a causa del hambre, la sed, la extenuación, el estrés (ataques cardíacos), la asfixia por amontonamiento, los golpes de calor, la deshidratación o el congelamiento. Al llegar a su destino, y tras todos los tormentos sufridos a lo largo de sus cortas vidas, se enfrentarán al último tormento de una muerte atroz.

Capítulo III
La Espiral del Silencio
Un destructivo y hermético sistema de negocio que no para de crecer

Un falso dilema

Qué duda cabe de que muchos consumidores de carne consiguen apaciguar gran parte de sus remordimientos en torno al maltrato animal (en caso de que los tuvieran, claro) gracias a la ingesta de lo que comúnmente se conoce como carne "orgánica". Y debemos reconocer que no les falta razón. Si bien el destino final de los animales criados en semilibertad es siempre el matadero al cabo de pocos meses o años de vida —y ya tenemos cierta idea de lo que ocurre tras esas paredes—, al menos están exentos de la gran mayoría de los tormentos diarios, el hacinamiento, el estrés y el aburrimiento extremo a los que se ven abocados los miles de millones de seres restantes que tuvieron la mala fortuna de nacer y crecer aceleradamente en el interior de una macrogranja. Resulta difícil negar que, puesto en la balanza, es bastante preferible para el animal eludir una vida entera plagada de sufrimientos constantes, por más breve que esta existencia pueda llegar a ser.

Aunque también debemos introducir algunos matices. Primero que todo, los animales criados en granjas tradicionales (las cuales, en términos proporcionales, son cada vez más escasas en los países industrializados) no eluden necesariamente ciertos episodios extremadamente dolorosos, tales como la castración, el marcado con hierro candente, la extirpación de cuernos, la separación entre la madre y las crías, el transporte al matadero y, por supuesto, el postrero y aterrador momento final ante el matarife en la línea de sacrificio. Por otra parte, la consabida etiqueta de carne "orgánica" que a veces encontramos en algunos supermercados y tiendas ecológicas se refiere, en muchas ocasiones, al simple hecho de que el animal, criado en espacios interiores y sin posibilidad de movimientos al aire libre, no recibió las formidables dosis habituales de antibióticos y hormonas con las que normalmente se suele atiborrar al resto de animales cautivos en las granjas industriales.

Pero lo más relevante, sobre todo en relación a la tesis central de este libro —esto es, que el enorme impacto que ejerce la desbocada industria cárnica sobre la salud del planeta representa una seria amenaza para la continuidad de nuestra civilización tal como la conocemos—, lo más relevante, decíamos, es el hecho de que la producción de carne "orgánica" es aún más perjudicial, en términos ecológicos o medioambientales, que la que se desarrolla en las macrogranjas. Ya hemos señalado lo más evidente: alguien que tenga mínimamente en cuenta los intereses de los animales ocasionará menor daño físico y mental al consumir carne orgánica. Pero en relación a la urgente crisis medioambiental definitivamente ha tomado el camino equivocado. Y es que, tal como ya fue señalado en el primer capítulo, si todos nos propusiéramos consumir exclusivamente carne de animales criados al aire libre, o que al menos disfrutan de cierta libertad de movimiento durante algunas horas al día, simplemente no habría espacio suficiente en toda la Tierra para albergar tal cantidad de cabezas de ganado.

Es cierto que, al ingerir los alimentos directamente de las praderas y los pastizales, los animales criados en libertad no están contribuyendo a la masiva deforestación de selvas y bosques vírgenes cuyos espacios son luego ocupados por los cultivos de soja y maíz (piensos). Pero este supuesto "ahorro" en espacio es superado con creces por los millones de hectáreas que ocupan (y arruinan) los animales que pueden moverse libremente. La superficie que se destina al pastoreo de un número concreto de reses siempre será sustancialmente superior a la de los cultivos que servirían para alimentar a ese mismo número de animales confinados en macrogranjas, de modo que simplemente no habría planeta suficiente que pudiera soportar los cambios de hábitos alimenticios a nivel global en favor de la comida eminentemente "orgánica". Por no mencionar el hecho de que no todos los ciudadanos podrían permitirse pagar el valor superior de tales productos. Y si un modo de comportamiento no puede ser aplicable al resto de la población, si no puede convertirse en norma universal debido a su inviabilidad económica, entonces esas acciones no pueden ser realmente recomendables (por más que ayuden a limpiar en cierta medida la mala conciencia individual). Esta es la razón por la que los productores y consumidores de carne etiquetada como orgánica, en caso de considerar que están tomando una sabia decisión en favor de la Madre Tierra (además de contribuir con cierto grado de bienestar cotidiano de los animales), tendrían que pensárselo de nuevo. No es solo que no están ayudando bajo ningún concepto a resolver el problema de la deforestación, la desertificación, los incendios provocados para crear nuevas zonas de pastoreo, la erosión de los suelos, las emisiones de gases de efecto invernadero y la contaminación de la tierra y las aguas a través de los excrementos y los purines (todo lo cual, a su vez, favorece en enorme medida el incremento de las temperaturas), sino que incluso están agravando aún más la ya de por sí dramática situación.

Y es que, tal como afirma George Monbiot, "puede no haber un producto del sector primario más dañino que la ternera ecológica alimentada con hierba"(1). A ello también debemos sumar el gran número de piaras de cerdos y rebaños de corderos y ovejas que pastan al aire libre en muchos países, y en especial en el nuestro. Se estima que los cultivos destinados a la ganadería intensiva (macrogranjas) ocupan el 12% de todas las tierras del planeta, mientras que el pastoreo, es decir, la ganadería extensiva, utiliza más del doble: el 28%(2). En otras palabras, y según datos adicionales suministrados por la FAO, en torno al 38% del total de la superficie de tierra mundial, y alrededor del 70% de todas las tierras cultivables del planeta, se dedican exclusivamente a la alimentación del ganado(3). De esos totales, en torno a un tercio se utiliza como tierra de cultivo (soja y maíz principalmente) y los dos tercios restantes corresponden a praderas y pastizales destinadas al pastoreo.

Es por ello que, a pesar de que la ganadería intensiva no hace más que crecer año tras año y supera con creces el volumen de carne producida por la ganadería extensiva o tradicional, la expansión de "las tierras de pastoreo sigue siendo la principal causa de pérdida de hábitats del planeta. Es responsable del 40% de la deforestación provocada por la industria alimentaria"(4). La suma de ambas actividades, es decir, el pastoreo y el cultivo de alimentos destinados al ganado, está detrás del 91% de la deforestación del Amazonas(5) y del 80% a escala global(6). A su vez la deforestación, por sí sola, contribuye con entre el 12 y el 20% de las emisiones de gases de efecto invernadero(7). Un estudio publicado por la revista Science apoya estas estimaciones: si todos de pronto dejáramos de comer carne y productos lácteos (ya sean provenientes de la ganadería intensiva o extensiva) y cambiásemos a una dieta únicamente vegetariana, se reduciría en un 76% la cantidad de tierra que se destina a la agricultura y la ganadería(8).

Piénsese por un momento en el enorme beneficio que aquello traería al planeta y, por tanto, a nosotros mismos: reducción drástica de las emisiones de gases de efecto invernadero, de la deforestación, de los incendios provocados, de la desertificación, del uso indiscriminado de agua potable y de antibióticos, de la contaminación de tierras, ríos y mares, del riesgo de transmisión de virus zoonóticos (enfermedades que pasan de los animales a los humanos), etc, etc... Por otro lado, a muchos nos complacería atestiguar cómo la biodiversidad planetaria recuperaría poco a poco gran parte de su extraviado esplendor. Sin embargo, este sería, por supuesto, el escenario soñado, y por tanto es una posibilidad muy poco factible, por no decir nula. No podemos dejar de ser mínimamente realistas. Pero al menos habría que intentar emprender el camino. La alternativa a no dar ningún paso adelante es, paradójicamente, precipitarnos al vacío.

Pero aunque siga siendo cierto que la producción de carne orgánica, en comparación con la actividad industrial, causa un perjuicio mucho mayor con respecto a la utilización de las tierras a nivel global, también es verdad que el impacto medioambiental de las macrogranjas, en números absolutos y en relación con el calentamiento global, es muy superior al de todas las pequeñas y medianas granjas tradicionales tomadas en su conjunto. Y esto es así por la sencilla razón de que se produce muchísima más carne de modo industrial que a través de la actividad tradicional. Y la brecha se va ampliando día a día y a pasos agigantados. De modo que, si realmente tenemos la intención sincera de aportar nuestro pequeño granito de arena (un granito *real*, efectivo, eficiente) en favor de la lucha contra el cambio climático, no debemos caer en el falso dilema de escoger entre la ganadería intensiva y la extensiva. No, a lo que deberíamos sentirnos obligados de manera voluntaria, ya que desde arriba se hará todo lo posible por continuar ignorando y ocultando el problema, es a reducir al máximo nuestro consumo individual de carne, *provenga de donde provenga*. Conocer, atestiguar, recordar y compartir los diversos modos con los que se maltrata y se pone fin a la vida de los animales representa un método bastante eficaz a la hora de intentar reducir dicho consumo.

Así que, en relación a la crisis medioambiental, la respuesta no está en escoger el mal menor entre la ganadería intensiva y la extensiva. No se trata de modo o método, se trata de *número*. Debería ser sencillo de entender: No existe planeta (al menos no de nuestras proporciones) que pueda soportar tal consumo diario e ininterrumpido de tantos millones de animales de considerable tamaño, puesto que esos animales también necesitan consumir los limitados recursos de la Tierra, e igualmente están obligados a orinar, defecar y emitir gases altamente contaminantes. No tiene ningún sentido. Es necesario y urgente reducir en gran medida nuestro apetito de carne.

Ahora bien, una vez dicho esto, y al margen del tema principal que nos ocupa, es decir, la enorme responsabilidad de la industria cárnica en relación al cambio climático y al deterioro medioambiental, debemos introducir un importante matiz. Si alguien efectivamente se propone disminuir su consumo de carne y al mismo tiempo posee ciertas inquietudes animalistas, resulta obvio que lo mejor que puede hacer es eliminar de su dieta todo producto proveniente de las granjas industriales. Y es que en relación a los intereses de los animales, y aunque resulta muy difícil, como ya sabemos, hablar de bienestar cuando el destino final siempre es el matadero, me parece que no hay duda de que la ganadería extensiva representa claramente el mal menor. Sería, por tanto, bastante recomendable disminuir el consumo y al mismo tiempo optar por los productos catalogados como orgánicos, con lo cual, si mucha más gente se suma, se estaría enviando un mensaje bastante claro a los dueños de las macrogranjas y a los gobiernos.

In crescendo

Pero volviendo a la crisis medioambiental, no existe, repetimos, el mal menor. Debido a que resulta una fantasía absurda aspirar a que la humanidad se convierta en vegetariana de un día para otro, lo más importante para la salud del planeta debería ser la urgente y drástica reducción del consumo de *cualquier* tipo de carne. Y está claro que aquello no está sucediendo. Todo lo contrario. Dicho consumo no hace más que incrementarse con enorme celeridad año tras año. Y eso precisamente explica el hecho de que las macrogranjas se estén multiplicando por doquier. Es totalmente lógico que así suceda. La creciente demanda global de carne y la práctica ausencia de debate público en torno a este asunto son las fuentes principales que estimulan el imparable crecimiento de este nocivo sistema de negocio. Por un lado, y tal como ya se ha señalado, sencillamente no existe espacio suficiente para albergar a tantas cabezas de ganado pastando en libertad. Y por otro, los estratosféricos márgenes de ganancia de las granjas industriales, a los que además hay que añadir las millonarias ayudas y subvenciones tanto estatales como comunitarias, también han contribuido a inclinar claramente la balanza en favor de la ganadería intensiva. No puede ser de otro modo.

Observemos el caso particular de Estados Unidos, país que lidera a nivel mundial el consumo per cápita de carne. También ocupa el primer lugar en producción de carne de vacuno, así como el segundo puesto en el cultivo de soja, solo por detrás de Brasil. Pues bien, entre 1950 y 1970, período que experimentó un incremento inusitado de la producción de carne (no solo en Estados Unidos, sino también en todo el planeta, algo que también estuvo estrechamente relacionado con el espectacular aumento de la población), se redujo a la mitad el número de granjas tradicionales en el país norteamericano, al igual que la cantidad de personas que trabajaban en ellas. De forma paralela, el tamaño promedio de las granjas supervivientes se duplicó en el mismo período. Aquella dinámica no hizo más que agudizarse con los años. En el año 2018, más del 99% por ciento de los animales consumidos en Estados Unidos provenían de las granjas industriales(9).

Más del 99 por ciento...

De más está decir que todos los demás países industrializados siguen ciegamente el mismo camino. Es solo cuestión de tiempo para que se alcance, si no el mismo escandaloso porcentaje, al menos alguno bastante aproximado. Si bien resulta bastante difícil establecer cifras exactas y porcentajes en territorio europeo, también es evidente que la ganadería intensiva no hace más que crecer a un ritmo vertiginoso. Aparte de que aún no se han hecho estudios sumamente exhaustivos como en el caso de Estados Unidos (la mayoría de ellos elaborados por prestigiosas instituciones privadas de larga trayectoria dedicadas a la lucha en contra del maltrato animal), también hay numerosas divergencias en relación a *qué es* exactamente una macrogranja. No existe un concepto oficial. El Registro Estatal de Emisiones y Fuentes Contaminantes (creado expresamente por la Unión Europea para verificar el impacto medioambiental de la ganadería industrial), brinda una de las pocas referencias que existen en nuestro continente para determinar a partir de qué número de animales se puede considerar como intensiva una actividad ganadera: 40.000 aves de corral y 2.000 cerdos. Siguiendo esta referencia, en España hay 3.775 explotaciones activas con estas características(10). Por su parte, Greenpeace señala que aproximadamente el 94% de la carne de cerdo y de aves que se produce y se exporta en España, así como el 80% de los productos lácteos, provienen de la ganadería industrial(11). La organización ecologista también señala en dicho informe que España es, tras Holanda, el segundo mayor importador de soja de la Unión Europea. Recordemos que nuestro país es el mayor criadero de cerdos de todo el continente, con una cifra de casi 60 millones de animales sacrificados cada año, un inusitado aumento de más del 40% en tan solo una década(12). La ONG Compassion in World Farming, por otro lado, sostiene que España es el país de la Unión Europea con mayor número de animales de granja enjaulados —presumiblemente la gran mayoría de ellos en las llamadas macrogranjas—, con una cifra en torno al 87%(13).

Por su parte, el propio Ministerio de Agricultura español reconoció, a raíz de las declaraciones incendiarias del ministro Garzón, que, a pesar de que en los trece años anteriores el número de sacrificios aumentó un 36%, se había reducido drásticamente, hasta un 30%, la cifra de pequeñas explotaciones(14). Estos datos guardan estrecha relación con los números aportados por Eurostat en relación a la situación a nivel continental: en la Unión Europea han desaparecido en los últimos quince años 5,3 millones de granjas (muchas de ellas dedicadas exclusivamente a la producción ganadera), lo que supone una espectacular reducción del 37%(15). Eurostat también ofrece otros datos significativos: "el número de explotaciones con ganado disminuyó drásticamente entre 2010 y 2020, continuando con una larga tendencia a la baja. La proporción cayó del 55,7% de todas las explotaciones en 2010 al 44,9% en 2020"(16). No tenemos duda de que este ritmo seguirá incrementándose en los próximos años. Y es que, si la verdadera preocupación de muchos líderes políticos es el vaciamiento poblacional del entorno rural, entonces el modelo actual de producción definitivamente no es el camino más idóneo a seguir.

Un jugoso pastel repartido en muy pocas manos

Es sencillamente impensable que ningún país europeo pueda mantenerse ajeno a una tendencia que se repite en la mayor parte del planeta. Pero todo esto no son más que fríos datos y estadísticas que tan solo corroboran, vaya sorpresa, que en efecto la ganadería intensiva está ganando terreno (y arruinándolo) en los países más industrializados debido al descomunal aumento en la demanda de carne. ¿Realmente ganamos algo con demostrarlo, sobre todo cuando ya hemos dejado claro que la alternativa representada por la ganadería tradicional o extensiva tampoco es la solución? En cambio, deseamos centrar nuestra atención en la actitud de los gobiernos. Una actitud que solo podemos calificar de suicida. Suicida al igual que la del resto de la población. Sin embargo, la inmensa mayoría de los ciudadanos al menos tienen la excusa de no estar en conocimiento de una información que precisamente debería ser suministrada por quienes están al mando. Pero ya sabemos que nunca la han aportado ni lo piensan hacer. Y los medios de comunicación tampoco están demasiado por la labor.

Dejando de lado el maltrato animal, si hay algo que diferencia a la ganadería intensiva de la extensiva, más allá de que la desmesurada contaminación de las aguas y del suelo se concentra en menos superficie cuadrada y de que la externalización de los recursos (piensos industriales más toda la ingente cantidad de agua potable que conllevan) se produce a muchos kilómetros de distancia, es que necesita muy poca mano de obra para funcionar. De allí su enorme rentabilidad. Es por ello que resulta totalmente incomprensible que los diversos gobiernos, así como la Unión Europea, continúen subvencionando a una industria que, además de ser altamente contaminante, está concentrada en un número cada vez menor de propietarios, algunos de ellos multimillonarios. Si uno de los objetivos principales, de cara a la opinión pública, es "apoyar al campo" y evitar el vaciamiento del mundo rural, entonces la meta se está alejando día a día, debido a que la agricultura y la ganadería requieren cada vez menos trabajadores.

El sector ganadero español se jacta de brindar empleo directo a cerca de 100.000 operarios(17), esto es, apenas alrededor del 0,5% de los trabajadores que cotizan a día de hoy en todo el territorio nacional.

Por otra parte, tan solo un puñado de conglomerados controla la mayor parte del pastel de la producción cárnica española. Se trata de las familias propietarias del Grupo Valls Companys,

Corporación Alimentaria Guissona, Grupo Fuertes, Campofrío, ElPozo Alimentación e Incarlopsa. Valls Companys, con una facturación anual en torno a los 2.300 millones de euros, es, de lejos, el primer productor porcino de toda España y uno de los más importantes del mundo. Los propietarios figuran, según la revista Forbes, entre los 100 españoles más ricos de los últimos años(18). A pesar de contar con un patrimonio estimado en 650 millones de euros, ello no impidió a la empresa familiar recibir 18 millones de euros adicionales en 2016 provenientes de ayudas estatales y fondos europeos. El conglomerado sacrifica cada año alrededor de 72 millones de aves y 4,5 millones de cerdos. Su principal matadero, ubicado al norte de Zaragoza, tiene capacidad para sacrificar hasta 16.000 cerdos al día, una cifra espectacular que hace empalidecer a las de aquel matadero municipal de Limoges, el más grande de toda Francia. La puesta en marcha de aquel megamatadero también contó con el generoso apoyo del gobierno aragonés, el cual aportó una subvención de 2,2 millones de euros(19). Gran parte de su enorme rentabilidad se debe al escaso número de trabajadores que requiere y a los bajos costes laborales relacionados con cada empleado (recordemos las altísimas tasas anuales de rotación vinculadas a una actividad laboral en la que solo los más desesperados aspiran a trabajar de forma transitoria). ¿Realmente necesitan estas pocas familias adineradas las ayudas estatales y comunitarias que aportamos todos los contribuyentes a través de nuestros impuestos?

La respuesta rápida (y errónea) es: sí, lo necesitan. De esta manera, prácticamente todos los españoles, así como millones de europeos y consumidores en todo el mundo que compran nuestras preciadas exportaciones, podemos disfrutar a diario (o casi) de productos cárnicos y lácteos a precios sorprendentemente económicos. Todos felices y comiendo perdices… y también terneros, cerdos, aves, conejos, corderos y demás, todo generosamente auspiciado por España y la Unión Europea… o lo que es lo mismo, por nosotros mismos. Es lo que comúnmente se conoce como un *win-win situation*: todos ganamos. Ganan los gobernantes en aprobación (y en votos, claro), ganamos nosotros en ininterrumpidos festines al alcance de nuestros bolsillos, y ganan los empresarios en euros contantes y sonantes. ¿Qué gobierno no desea ver a sus ciudadanos contentos, satisfechos, apoltronados y haciendo felizmente la digestión? ¿No es acaso el consumo desenfrenado de carne un exquisito placer para los sentidos, además de una de las señales más evidentes de buen estatus social? ¿Y no se dispara acaso el descontento colectivo cada vez que merma el poder adquisitivo en relación a la carne, un producto al que le falta muy poco para ser considerado un bien de primera necesidad?

La técnica del avestruz

El objetivo principal, por tanto, de las millonarias ayudas y subvenciones, las cuales están encaminadas a que la carne española y europea sean competitivas en el mercado internacional y a su vez asequibles para el mercado interno, no es, por supuesto, evitar la despoblación del mundo rural y mucho menos luchar contra el desempleo, sino sencillamente proteger, a través del establecimiento de precios artificialmente bajos, una industria vital y estratégica para los intereses de los gobiernos. Con una cifra de negocios en torno a los 30.000 millones de euros anuales (alrededor del 2,3% de todo el PIB español), la cárnica se sitúa como la cuarta industria del país, así como la líder indiscutible en el sector de alimentos y bebidas(20). Es realmente asombrosa la cantidad de dinero que logra mover una industria que es apenas capaz de generar puestos directos de trabajo en el entorno rural. Y cada día menos, a medida que van proliferando las macrogranjas en todos los rincones de nuestro territorio.

Se entiende, pues, que los diversos gobiernos españoles consientan y mimen a una de sus "gallinas de huevos de oro", nunca mejor dicho. Lógico, la verdad. "Es la economía, estúpido", rezaba aquella célebre frase que catapultó a Bill Clinton a la presidencia. La economía siempre es lo que, en definitiva, capta el apoyo de los electores y permite aspirar a la reelección. También brinda muchos votos, sobre todo en el mundo rural, ofrecer la imagen de que se está a favor de los intereses de los agricultores y ganaderos. Es parte de la demagógica —y por supuesto ineficaz— lucha por revertir el fenómeno de la "España vacía". Y ya sabemos que las papeletas provenientes del campo valen mucho más, proporcionalmente, que las de las grandes ciudades. En ocasiones deciden elecciones generales o municipales. También lo vemos en Estados Unidos, donde los votos de los estados tradicionalmente agrícolas y ganaderos, bastante despoblados, valen muchísimo más que los provenientes de las grandes urbes costeras. Las decisiones cruciales que afectan la vida de millones de estadounidenses muchas veces dependen, por poner un ejemplo, del punto de vista de los dos congresistas (normalmente republicanos) de Nebraska, estado ganadero bastante despoblado que cuenta con el mismo número de representantes que la superpoblada California. Es por ello que ningún gobierno se puede permitir la temeridad de dejar de irrigar con millones de dólares o euros al gremio agrícola y ganadero, y mucho menos soliviantarlo. Un caso bastante ilustrativo de esta dinámica que se repite en todo el mundo industrializado lo presenciamos en la campaña política de Andalucía del 2022, cuando los candidatos del Partido Popular y de Vox, a sabiendas de que la promesa era por completo irrealizable, ofrecieron a los empresarios del sector agropecuario instalar regadíos milagrosos a cambio de su apoyo electoral. Y es que todo vale por un puñado de votos provenientes del mundo rural. Incluso la promesa del agua que ya no existe.

Y qué decir de los representantes de la Unión Europea... Ya bastante dolores de cabeza tienen con intentar mitigar la creciente desafección proveniente de millones de ciudadanos que son plenamente conscientes de que no han escogido a ningún alto dirigente en Bruselas. Curiosamente, los españoles siempre se cuentan entre los europeos que más apoyo suelen brindar a las instituciones comunitarias (bueno, lo de curiosamente es un decir, ya que sobran las razones, y sobre todo las millonarias aportaciones, que explican este fenómeno). La Política Agraria Común (PAC) ha inundado con miles de millones de euros durante muchos años al campo español (y a muchos otros campos, claro). Gran parte de este dinero ha ingresado directamente en los bolsillos del cada vez más reducido grupo de empresarios agrícolas y ganaderos. Aún se echa en falta el estudio pormenorizado —y no podemos dedicarle más páginas a tan controvertido y extenso asunto— que exponga de forma exhaustiva el enorme mal que estas políticas agropecuarias han ocasionado al medioambiente y a los ecosistemas europeos. Y todo, una vez más, para mantener bien engrasado un sistema económico basado en el eterno crecimiento de la demanda, y también para ganarse la simpatía o, al menos, para evitar una mayor desafección por parte de los ciudadanos. "Sabemos lo que hay que hacer, pero no sabemos cómo ganar luego las elecciones". ¿Recordáis la "maldición de Juncker"?

Y, a diferencia de lo que ocurre con las grandes corporaciones de hidrocarburos, los acaudalados empresarios del sector cárnico ni siquiera se ven obligados a invertir enormes sumas de dinero para corromper, a través de los *lobbies*, a los políticos de uno y otro bando con el objetivo de desviar el interés mediático en torno a los inmensos perjuicios medioambientales provocados por el excesivo consumo de carne(21). La industria cárnica no está tan mal vista, ni mucho menos, como el sector petrolero y gasístico, de modo que no es necesario ofrecer demasiados "incentivos" por su silencio a unos líderes políticos que ya de por sí no sienten ningún interés en abordar el asunto. El mutismo sale bastante económico. Una vez más: crimen perfecto.

Aun así, y a pesar de que la inversión en "cabildeo" se encuentra a años luz de las astronómicas sumas aportadas por el sector energético, los magnates de la industria cárnica no dudan en rascarse los bolsillos con el fin de asegurar que la atención se mantenga lo más alejada posible del desastre ambiental del que son responsables y, sobre todo, para obstaculizar los avances en tecnologías mucho más ecológicas y respetuosas con la naturaleza. Son enormes cantidades de dinero que viajan de ida y vuelta en una especie de circuito cerrado, desde la industria cárnica a los representantes estatales y comunitarios a través de los *lobbies*, y de vuelta a los empresarios por medio de ayudas, subvenciones y convenientes disposiciones legales. El propio Banco Mundial, una institución financiera muy poco sospechosa de simpatizar con movimientos alternativos, ecologistas, animalistas o de protesta, ha alertado en un reciente informe de que los "trillones de dólares" destinados a las subvenciones de los combustibles fósiles y del sector agropecuario podrían causar terribles "estragos medioambientales"(22). Además de dichos perjuicios, el informe destaca que muchos países gastan más en subsidios nocivos que en programas de salud, educación o reducción de la pobreza. El Banco Mundial también advierte de que estas ayudas están sumamente arraigadas y por tanto son muy difícil de erradicar, ya que los principales beneficiarios suelen ser individuos ricos y poderosos.

Ahondemos un poco más en este muy controvertido asunto: otro estudio también reciente, realizado por investigadores de la universidad estadounidense de Stanford, llegó a la conclusión de que el poder omnímodo de la industria cárnica y láctea en Estados Unidos y la Unión Europea está bloqueando el desarrollo de alternativas mucho más ecológicas y necesarias para enfrentar la crisis climática(23). La investigación revela que los ganaderos de la UE recibieron, entre los años 2014 y 2020, 1.200 veces más financiación pública que las compañías dedicadas al desarrollo de carne de origen vegetal o cultivada en laboratorio (en Estados Unidos la diferencia es de 800 a 1). Por otra parte, el dinero gastado por las empresas cárnicas para influir en las legislaciones de la Unión Europea a través de los *lobbies* fue tres veces mayor que el aportado por las compañías alternativas, mientras que en Estados Unidos la diferencia es muchísimo mayor: 190 a 1.

Esta generosidad de los empresarios cárnicos obtiene, por supuesto, su recompensa por parte de los gobiernos, la cual no consiste únicamente en seguir recabando como siempre millonarias ayudas y subvenciones. Tal recompensa también se traduce en la renuencia de los gobiernos europeos y estadounidense a explicitar en las pautas dietéticas el enorme impacto ambiental vinculado a la producción de carne y lácteos, así como en la creación de una serie de obstáculos legales para que los productos alternativos de origen vegetal o sintético no puedan hacer uso del etiquetado de "leche" o "hamburguesa". La investigación concluye que "los poderosos intereses creados ejercieron su influencia política para mantener el sistema sin cambios y para obstruir la competencia creada por las innovaciones tecnológicas". El profesor Eric Lambin, quien condujo el estudio junto a la doctora Simona Vallone, afirma que "el poder del sector ganadero y su influencia política, tanto en Estados Unidos como en Europa, son simplemente gigantescos"(24).

Siempre hay perdedores

He dicho anteriormente —con ironía, por supuesto— que todos ganamos con el juego de la venda: gobernantes, empresarios y consumidores. Bueno, no todos. Pierde el planeta. Pequeño detalle. Y los animales, claro, pero eso ya es otro cantar que nunca viene demasiado a cuento. Y si el planeta pierde, todos perdemos. Creo que eso está claro. ¿Cuánto tiempo más podremos seguir mirando para otro lado y fingiendo que aquí no está pasando nada? ¿Cuánto más seguiremos comentando con el vecino el extraordinario calor que está haciendo... cualquier día del año? ¿En qué momento dejaremos de contabilizar las sucesivas olas de calor veraniegas que se empalman unas con otras y comenzaremos en cambio a hablar de "breves períodos de frescor"?

Está empezando a dejar de ser una nota curiosa en las conversaciones de ascensor. El gesto de asombro y perplejidad está mutando en una inquietante mueca de terror. Ojear cada mañana las portadas de los periódicos internacionales se está convirtiendo en una experiencia bastante similar a la de presenciar en tiempo real el final del mundo: tormentas, tifones, huracanes, granizadas, inundaciones, incendios, récords de temperaturas y de prolongados períodos de sequías, grandes migraciones humanas... usted escoja. Todo se ha vuelto tan cotidiano y habitual que ya ni siquiera somos conscientes del grave peligro que entraña este ensimismamiento. Cada vez nos asemejamos más a la rana que se cuece viva y lentamente en el caldero hasta que ya es demasiado tarde para brincar. ¿Os imagináis qué habría pasado por vuestras cabezas si, tomando la máquina del tiempo hace veinte o treinta años, os hubierais trasladado a este presente cuasi apocalíptico para leer un periódico cualquiera? ¿No habríais quedado estupefactos con cualquier titular escogido al azar? De vuelta al pasado en aquella máquina mágica, ¿no habrías intentado alertar a los demás acerca del camino suicida que hemos emprendido desde hace demasiado tiempo?

Llegó el verano del 2023 y todos los ominosos pronósticos quedaron cortos. Aquella breve lista de dramáticos sucesos que un trimestre atrás inventariamos en este trabajo simplemente ha empalidecido y caído, una vez más, en el olvido. Cada nuevo y trágico episodio ha sepultado y dejado atrás al anterior en virtud de su aplastante peso. Daría para otro libro entero registrar buena parte de los fenómenos catastróficos de los que hemos sido testigos en poco más de dos meses estivales: pérdidas históricas en los cultivos españoles, principalmente en el renglón de los cereales(25) —algo que ya se preveía con claridad tres meses atrás—, récords de temperaturas en incontables puntos del globo (incluyendo, por supuesto, España), incendios voraces en Canadá, Estados Unidos, islas Canarias y en varios países situados a ambos márgenes del Mediterráneo, mínimos históricos en los contenidos de innumerables embalses, ríos y lagos, tormentas e inundaciones en cada rincón del planeta que solo podemos adjetivar como "bíblicas"...

Baste mencionar, a manera de drástico resumen, que este ha sido el verano más cálido a nivel global (y por amplia distancia) desde que se iniciaron este tipo de mediciones en 1850(26). Por otra parte, el 6 de julio de 2023 ya ha quedado enmarcado como el día más caluroso de la historia, con una media de temperatura global de 17,08 grados Celsius(27) —para encontrar la segunda mayor marca no es necesario retroceder demasiado en el tiempo: en agosto de 2016 se registraron 16,8 grados—. A estas alturas, ya casi nadie duda de que el 2023 pasará a los anales como el año más caluroso desde que hay registros, y además por un muy holgado margen. Carlo Buontempo (su apellido no es un mal chiste), responsable de clima de Copernicus, el Servicio de Cambio Climático perteneciente a la Unión Europea que recopiló y publicó estos últimos datos, ha señalado algo que ya debería ser más que obvio: "no se trata de un caso aislado, forma parte de un patrón"(28). Simplemente imaginar lo que nos depararán los próximos veranos intensifica en muchos de nosotros lo que algunos expertos ya han diagnosticado como "ecoansiedad". Y de hecho, lo que resulta realmente asombroso es que mucha más gente no se haya contagiado aún con esta nueva patología mental. ¿Habrá alguna manera de inyectársela a nuestros líderes políticos?

¿Alarmista yo? ¡Pero cómo no serlo!

No soy, por supuesto, el único. Incontables científicos e investigadores llevan tiempo advirtiéndolo: el cambio climático es mucho más acelerado de lo que todos hemos estado pensando(29). El propio presidente del Grupo Intergubernamental de Expertos sobre el Cambio Climático de Naciones Unidas (IPCC), Jim Skea, afirmó en una entrevista realizada en medio del calor infernal del verano de 2023 que "algunos cambios en el clima están llegando más rápido que lo esperado. (...) Ha sido un salto bastante espectacular"(30). Que lo diga precisamente él no invita, ni mucho menos, al optimismo. Aunque también nos llama bastante la atención que, durante dicha charla ofrecida a un medio español, el presidente del IPCC, máximo organismo de las Naciones Unidas para monitorizar y elaborar recomendaciones en relación al cambio climático, no se digne siquiera a mencionar el problema del excesivo consumo de carne a nivel global (aunque ya conocemos de sobra las razones de este mutismo tan habitual: Skea acababa de asumir el cargo apenas un mes antes de brindar la entrevista y no deseaba, con toda seguridad, caer mal tan prontamente). El nuevo presidente propone, eso sí, acelerar la inversión en energías renovables como la eólica y la solar, pasarse a los coches eléctricos y utilizar el transporte público. Nada nuevo. Lo más cerca que se ha atrevido a aproximarse al espinoso tema que nos atañe ha sido al sugerir, como acciones adicionales, evitar "la deforestación" (aquí le envía los mejores deseos a Lula da Silva) y "las prácticas agrícolas que acumulan carbono en el suelo". Ya sabemos qué hay detrás de aquellas tímidas —por no decir cobardes— recomendaciones.

En cualquier caso, la meta de contener el aumento de las temperaturas en 1,5 grados durante las próximas décadas se antoja cada vez más ilusoria(31). Si todo lo que estamos presenciando (y padeciendo) es producto del incremento de apenas un grado o grado y medio de temperatura media global, ¿cuáles otras catástrofes naturales nos ofrecerán los años por venir con un aumento superior a los dos grados? Causa pavor tan solo imaginarlo. Lo que está claro es que si los gobernantes realmente se sintieran responsables de la adecuada marcha de la economía (lo único que parece preocuparles), estarían obligados a saber que el costo que vamos a pagar (que ya estamos pagando) por no tomar a tiempo determinadas decisiones dolorosas —entre ellas, comenzar a hablar sobre algunos temas hasta ahora tabúes— va a ser muy superior al que supondría propiciar ahora mismo ciertos cambios ineludibles de hábitos y de comportamientos.

Hay alternativas

Y es que la transición alimentaria colectiva no tendría por qué ser necesariamente perjudicial, ni mucho menos catastrófica, para la macroeconomía, más allá de afectar considerablemente las cuentas bancarias, muchas de ellas seguramente localizadas en paraísos fiscales, del cada vez más reducido grupo de magnates de la industria cárnica. Ya hemos mencionado que la capacidad para generar empleo en el mundo rural por parte de esta industria es insignificante, y será cada vez más residual. Estamos hablando de trabajos escasos, mal remunerados, agotadores y enloquecedores que son cubiertos durante un breve período de tiempo por personas con graves apuros económicos. Y la teórica ralentización del intercambio económico a nivel macro, así como la posible destrucción de miles de puestos de trabajo indirectos, podrían ser compensadas con creces gracias a las incontables posibilidades que se abrirían ante nosotros. La rápida recuperación de los hábitats dañados a manos de la industria cárnica (no olvidemos la asombrosa celeridad con que la Naturaleza es capaz de autorregenerarse) ofrecería múltiples opciones de inversión enfocadas en el turismo rural, algo que ayudaría en mucha mayor medida a revertir el progresivo proceso de vaciamiento de los pueblos y comarcas.

También son ya bastante tentadoras las posibilidades de inversión que brinda la industria tecnológica enfocada en la producción de carne de origen vegetal o sintética, la cual, en su objetivo de satisfacer el gusto por la carne que muchos vegetarianos y veganos (y también carnívoros, claro) aún poseemos, es capaz de generar miles de puestos de trabajo cualificados.Por si aquello fuera poco, un estudio de *The International Journal of Life Cycle Assessment*(32) llegó a la conclusión de que, en comparación con la industria cárnica actual, la carne cultivada a escala global y utilizando energía renovable podría reducir la huella de carbono en un 92%, la utilización de las tierras cultivables en un 90% y el uso del agua potable en un 66%(33). Además, la carne vegetal o creada en laboratorio, al prescindir del uso de los antibióticos y al esquivar cualquier peligro relacionado con la transmisión de virus animales o con el incremento de las probabilidades de desarrollar enfermedades cancerígenas, ofrece muchos menores riesgos para la salud de los humanos. Se trata, en definitiva, de un amplio abanico de posibilidades que la industria cárnica, temerosa de perder sus privilegios, está intentando torpedear a través de la constante presión de sus *lobbies*.

Pero más allá de las inmediatas repercusiones medioambientales y para la salud, no podemos dejar de resaltar el que sería, sin duda, el mayor beneficio que traería consigo la urgente transición alimentaria: la liberación de millones y millones de hectáreas de tierras cultivables que hoy en día se utilizan para el pastoreo y los sembradíos de soja y maíz, las cuales podrían destinarse en una proporción muchísimo menor al cultivo de alimentos que estarían dirigidos directamente al consumo humano. Aquello podría ser la panacea que acabase de una vez por todas con el hambre en todo el planeta, ya que apenas una fracción de la inmensa cantidad de recursos y tierras que hoy en día se destinan al engorde de miles de millones de cabezas de ganado sería suficiente para satisfacer las necesidades alimenticias de toda la humanidad. El caso de América Latina es paradigmático. Recordemos algo que ya abordamos en el primer capítulo: la superficie que ocupan hoy en día los cultivos de soja en esta región (superficie doscientas veces superior a la utilizada en 1961) es de 57 millones de hectáreas, un área más grande que toda España(34). Brasil y Argentina proveen aproximadamente el 50% de la producción mundial de soja(35), una actividad que ha arrasado territorios enteros de pueblos indígenas y enormes ecosistemas, tales como la sabana tropical brasileña del Cerrado y los bosques paraguayo y argentino del Gran Chaco. Y es que, tal como afirma Martín Caparrós, un autor que ha dedicado muchos años al estudio del fenómeno del hambre en todo el planeta, "casi el 10% de la población (argentina) no come suficiente en un país que se dedica a producir soja para los chanchos chinos"(36).

Las manecillas del reloj siguen en marcha

Por desgracia, prácticamente ningún líder político se atreve a salir al ruedo y coger al toro por los cuernos.La situación se asemeja un tanto al juego del "pilla pilla": ya el siguiente gobernante de turno tendrá que apechugar y hacerse cargo del asunto más adelante. Siempre más adelante. "No seré yo, yo ya no estaré al mando", "yo ya estaré jubilado", "yo ya estaré muerto cuando todo se venga abajo, a mí qué me cuentas…". Pues habrá que pensar en nuestros hijos y nietos, digo yo. Me viene a la mente la manida imagen de los músicos del cuarteto de cuerdas del Titanic, quienes continuaban interpretando las plácidas piezas mientras el trasatlántico se hundía irremisiblemente en las profundidades del helado océano. Continuar ganando elecciones, continuar amasando fortunas y continuar comiendo bistecs y hamburguesas varias veces por semana definitivamente no valen un planeta inhabitable.

Incontables veces se habla en los fórums nacionales e internacionales de las benditas "Agendas". Agenda 2020… Agenda 2030… Agendas españolas, Agendas de la Unión Europea, Agendas de las Naciones Unidas... Las agendas están a la orden del día. Generan tensiones, discusiones, opiniones viscerales a favor y en contra. En dichas agendas se habla en abundancia del crecimiento sostenible. De la transición energética. De la reducción de la dependencia de los combustibles fósiles. De los coches eléctricos. De las energías renovables, verdes, eólicas, solares... ¿Pero ha escuchado usted alguna vez, querido lector, a alguien mencionar entre esas numerosas agendas la reducción del consumo de carne?

Y es perfectamente comprensible que muy pocos se atrevan a hacerlo. Si ya dichos proyectos generan tal cantidad de reacciones en contra, sobre todo por parte de los representantes de los partidos situados más a la derecha del espectro político (pensemos por ejemplo en Vox), imaginemos qué ocurriría si además nos inmiscuyéramos en las preferencias culinarias de los ciudadanos. Pero en algún momento habrá que hacerlo, no hay más remedio, y es de esperar que no sea demasiado tarde. En algún momento habrá que sentarse a hablar y divulgar abiertamente ciertas verdades y realidades. De hecho, es bastante probable que a más de uno le hayan sorprendido sobremanera los argumentos, cifras y datos que a lo largo de este libro han sido expuestos. Puede que le hayan sorprendido del mismo modo que a mí me ocurrió mientras realizaba las labores de investigación y documentación, y también es muy probable que se haya formulado la misma pregunta que muchas veces me he repetido, cada vez con mayor frecuencia: ¿cómo es posible que prácticamente nunca se hable de esto? ¿Cómo se puede mantener ciegamente un rumbo tan suicida?

Si alguna vez, y eso con suerte, alguno de nosotros ha escuchado o leído alguna mención al respecto, seguramente ha sido de forma marginal: "Así es, queridos ciudadanos, es necesario reciclar, pasarse al coche eléctrico en cuanto se pueda, utilizar bombillas de bajo consumo, reducir el consumo de luz y de gas en casa, cerrar bien la llave del agua, realizar menos viajes en avión, utilizar más el carril de bici y el transporte público, reducir... ejem... el consumo de carne...". Así, con la boca bien chiquita. Como quien no quiere la cosa. Algo que sencillamente hay que mencionar por encima (si acaso) y luego seguir adelante con premura, una manera cobarde de cubrirse las espaldas, una simple sugerencia: "allá usted, no es más que una recomendación, no se le ocurra pensar que alguien se lo está demandando, no se lo tome demasiado en serio, no se nos vaya a mosquear, por favor, olvídelo si lo prefiere, no he dicho nada, ni se le ocurra pensar que nos estamos inmiscuyendo en sus gustos personales, en su respetabilísima identidad y en su sacrosanta libertad".

No es descartable, por lo demás, que muchos líderes políticos, amantes inveterados y asiduos de un suculento, jugoso y muy tierno solomillo de ternero, se puedan sentir algo incómodos, por simple coherencia, al pregonar a las masas acciones que ellos mismos no estarían dispuestos a aplicar. Sin embargo, dada la situación en la que nos encontramos, sería de agradecer cierta falsedad por parte de la clase dirigente. Después de todo, la hipocresía es un refinado arte que siempre se ha practicado con fruición en los círculos más excelsos del poder.

Y si aún usted, a estas alturas, sigue teniendo alguna duda acerca de la tesis central de este libro, haga una rápida comprobación a través de los buscadores de Internet. Simplemente teclee (o googlee) las siguientes palabras: "calentamiento global + reducción del consumo de carne". Puede que también se sorprenda con la enorme cantidad de información verificada y contrastada que aborda el asunto, una información que destaca dicha reducción como una de las principales y urgentes acciones que debemos realizar a modo individual para intentar contener el cambio climático. Y tras ello, puede que nuevamente se pregunte: ¿Cómo es posible que este asunto no se esté debatiendo de manera constante en los foros públicos? ¿Por qué no está más presente en los debates políticos y en los medios de comunicación?

No nos cansaremos de ofrecer la obvia respuesta: la comida es considerada un asunto muy personal, delicado e identitario en el que casi nadie desea entrometerse. Levanta pasiones, agita los ánimos, incluso llega a enfurecer a muchas personas. ¿Quién querría inmiscuirse impúdicamente en la vida de los demás? Sin embargo, numerosos gobiernos no han dudado en comenzar a introducir poco a poco medidas y regulaciones, también bastante controvertidas, que obligan a los ciudadanos, con o sin su consentimiento, a ir participando igualmente en la transición energética, desde poner fechas límite al uso de los coches de combustión(37) y de las calderas de gas(38), hasta prohibir los vuelos de corta duración que cuenten con una alternativa en tren(39), por nombrar algunos pocos ejemplos. Pero en relación al tema de la carne no es que no exista ningún tipo de medidas: es que prácticamente no existe el tema.

Y no solo no se menciona, no solo no se estimula el debate, no solo se esconde la cabeza al modo del avestruz, sino que además los gobernantes, aparte de continuar subvencionando a una industria destructiva y altamente contaminante que sería deficitaria sin tales ayudas (y sería estupendo para el planeta que lo fuera), también arriman el hombro junto al de los empresarios cárnicos para ocultar a sus espaldas una realidad atroz cuyo conocimiento ayudaría en sumo grado a reducir el consumo: el terrible maltrato animal que se opera a diario en los mataderos y las granjas industriales. Es un ocultamiento consentido, pactado, tolerado, autorizado y, en casos extremos como los de algunos estados de Estados Unidos, incluso prescrito y tipificado por ley (a nadie debería extrañar que leyes semejantes comiencen a aplicarse muy pronto en muchas otras latitudes del planeta).

Sí, por supuesto que la difusión metódica, intencionada, organizada, incluso institucionalizada, de esas horribles imágenes que dan cuenta de la Gran Hecatombe que se desarrolla a cada segundo del día heriría profundamente nuestras sensibilidades. Y también sería estupendo, por nuestro propio bien, que nos hiriesen en el alma. Que nos avergonzasen. Nos herirían y nos avergonzarían porque seguimos siendo, al menos la gran mayoría de nosotros, seres altamente empáticos, incluso ante el dolor y el sufrimiento de los individuos de otras especies. Nos espantarían de un modo semejante a como lo hacen las grabaciones de ejecuciones sumarias o las escabrosas imágenes impresas en las cajetillas de cigarro (y precisamente por eso las grandes tabacaleras opusieron tanta resistencia a aquella encomiable iniciativa aprobada por los gobiernos). Para conocer el dolor, el sufrimiento, el mal, hay que observarlo. Identificarlo con los ojos. Y eso es justamente lo que no desean los grandes magnates internacionales de la industria cárnica: que conozcamos la verdad. Saben a la perfección lo que ocurriría: perderíamos gran parte de nuestro apetito. Y aquello es algo que, en última instancia, podría suponer la sanación de nuestro planeta, y por tanto la salvación de nuestras sociedades y modos de vida. Es perfectamente comprensible la inquietud de los empresarios cárnicos. Mucho más irresponsable es la actitud indolente, tolerante o directamente cómplice de los gobiernos y de muchos medios de comunicación.

Viene bien a cuento, llegados a este punto, recordar las conclusiones elaboradas por uno de los tantos estudios científicos realizados hasta ahora: las cuatro acciones de mayor impacto que un ser humano puede realizar a modo individual para intentar atenuar el cambio climático son: llevar una dieta vegetariana, reducir los viajes en avión, vivir sin hacer uso del coche y tener menos hijos(40). Existe un amplio debate acerca del orden prioritario de estas acciones, aunque según numerosas opiniones acreditadas la primera de ellas es la más crucial (así como la más silenciada). Pero más allá de la discutible jerarquía, lo que está claro es que no podemos continuar soslayando de manera indefinida una de las cuatro únicas acciones consideradas primordiales a la hora de encarar esta gravísima crisis medioambiental.

También es buen momento para rememorar las palabras (apoyadas por un sinfín de datos y estadísticas verificables) de Jonathan Safran Foer: "No sabemos a ciencia cierta si la ganadería es *una* causa principal o *la* causa principal del cambio climático. Lo que sí sabemos a ciencia cierta es que no podremos abordar el cambio climático sin abordar la ganadería".

En apoyo de estas lapidarias afirmaciones, vamos a brindar otras que van en la misma dirección, esta vez ofrecidas por George Monbiot en su admirable y extraordinariamente bien documentado libro *Regénesis. Alimentar al mundo sin devorar el planeta*: "Algo más de un tercio de las emisiones mundiales de gases de efecto invernadero están producidas por el sistema alimentario. De estas, aproximadamente un 70 por ciento las liberan la agricultura y la ganadería (...). Un análisis de Our World in Data muestra que, incluso si los gases de efecto invernadero de cualquier otro sector fueran eliminados hoy, en el año 2.100 la producción de alimentos superaría por sí sola el presupuesto de carbono dos o tres veces, si queremos evitar un calentamiento global superior a 1,5°. Incluso si nuestro objetivo fuera el menos ambicioso y mucho más peligroso de los 2 °C, el sector alimentario sería responsable de la práctica totalidad, a menos que se reduzca su impacto drásticamente"(41). Una vez más, es completamente inútil buscar una salida real al problema si no abordamos de una vez por todas el problema de la alimentación.

No solo somos lo que comemos. También lo que comemos define y transforma nuestro entorno. El impacto es cada día mayor. Por tanto, ha llegado la hora de cuestionar nuestra alimentación. Sin este cuestionamiento no hay solución posible ante la que, tal vez, sea la mayor amenaza a la que se ha enfrentado el homo sapiens en toda su historia.

Epílogo
Ver, Oír, Hablar

"La pregunta no es «¿pueden razonar?»,
ni tampoco «¿pueden hablar?»,
sino «¿pueden sufrir?»"

JEREMY BENTHAM

"Esta mañana me han llevado a dar una vuelta en coche por Waltham. Parece un pueblo muy agradable. No vi nada horrible, ningún laboratorio donde se experimente con fármacos, ninguna granja industrial y ningún matadero. Y, sin embargo, estoy segura de que están aquí. Han de estarlo. Simplemente no se anuncian. Están a nuestro alrededor en estos momentos, solo que en cierto sentido no sabemos de su existencia"(1).

Quien habla es Elizabeth Costello, el icónico personaje de ficción creado por el premio Nobel J.M. Coetzee cuyo rasgo principal, o al menos uno de ellos, es su irrefrenable necesidad de denunciar públicamente la crueldad con la que los humanos tratamos a los animales. Una crueldad que ha sido perversamente escondida y silenciada de un modo semejante, según Costello, al practicado por los nazis con los judíos en los campos de exterminio: "Déjenme decirlo abiertamente: estamos rodeados de una industria de la degradación, la crueldad y la muerte que iguala cualquier cosa de que fuera capaz el Tercer Reich, incluso la hace palidecer, dado que la nuestra es una industria sin fin, que se autorregenera, que trae al mundo conejos, ratas, aves de corral y ganado con el único propósito de matarlos"(2).

Matarlos después de haberlos hecho sufrir a lo largo de sus breves existencias, añadiría yo.

Es una comparación cuanto menos arriesgada, hay que reconocerlo. Pero Costello, o más bien Coetzee, no se arredra y continúa: "La gente que vivía en la campiña cercana a Treblinka, en su mayoría polacos, dijeron que no sabían lo que estaba pasando, no lo sabían a ciencia cierta. Que aunque en cierto sentido pudieran saberlo, en otro sentido no lo sabían, no podían permitirse saberlo, por su propio bien"(3).

Consciente de que, al comparar el sufrimiento de los animales con el de millones de judíos, está cruzando peligrosamente una línea roja, el escritor introduce como contrapeso el punto de vista de un poeta hebreo llamado Abraham Stern. El poeta envía a Costello una carta en la que expresa su profunda indignación: "Usted usó para su provecho la conocida comparación entre los judíos asesinados en Europa y el ganado sacrificado. Los judíos murieron como ganado, por tanto el ganado muere como judíos. Es un juego de palabras que no voy a aceptar (…). Esa inversión es un insulto al recuerdo de los muertos"(4).

Sin embargo, antes de continuar debemos señalar una obviedad: no todos los judíos, y mucho menos todos los judíos dedicados a la creación intelectual, comparten el enconado rechazo expresado por el ficticio Stern. El también premio Nobel de Literatura Isaac Bashevis Singer, quien se vio obligado a huir de su Polonia natal tras la ocupación nazi, se atrevió igualmente a comparar el tratamiento que brindamos a los animales con las "teorías racistas más extremas"(5). El escritor llegó a afirmar: "En relación a los animales, todas las personas son nazis. Para los animales, es una eterna Treblinka"(6). También era de la opinión de que defender los derechos más básicos de los animales (aun cuando existe el pensamiento bastante extendido de que los animales no deben poseer ninguna clase de derechos(7)) es "la forma más pura de justicia social, ya que los animales son los más vulnerables de entre todos los oprimidos"(8).

En cualquier caso, es una analogía que incomoda bastante, incluso a muchos de quienes evitamos comer animales. Y es precisamente esa incomodidad la que busca Coetzee a través de las temerarias palabras de Elizabeth Costello. ¿Cómo se puede acaso comparar el sufrimiento de, por ejemplo, una madre judía junto a su hijo a las puertas de la cámara de gas con el de una vaca y su ternero de camino a la línea de sacrificio en el matadero?

Tal como nos recuerda el filósofo Peter Singer en su ya clásico libro *Liberación Animal*, no se trata de equiparar ambas situaciones. Nadie en su sano juicio, ni siquiera el vegano más recalcitrante (si está realmente en sus cabales), se atrevería a calificar ambos sufrimientos como exactamente equivalentes. Pero lo que Singer sí intenta transmitirnos es la idea de que, aun cuando el dolor psíquico en el humano (ya que no el físico, después de todo compartimos con los animales de granja un sistema nervioso central bastante similar que nos vincula sensitivamente) puede que sea mucho más considerable que en el caso del animal, de ello no se deriva conclusión alguna que justifique el trato "inhumano" que dispensamos a unos seres vivos y sintientes que hemos convertido en meros objetos o medios destinados a satisfacer nuestras necesidades más básicas. El pensamiento de Darwin según el cual la diferencia de inteligencia entre los humanos y los "animales superiores" es de *grado* y no de *clase* podría ser perfectamente aplicable al escurridizo ámbito del sufrimiento psíquico.

¿Qué largo y sinuoso camino nos ha llevado hasta este punto en el que, más allá del masivo y premeditado ocultamiento del maltrato diario, se ha generado un profundo desdén colectivo hacia el sufrimiento de los animales? Sería demasiado engorroso desandar ese camino (Singer lo hace con minuciosidad y paciencia), un extenso sendero empedrado a cuya construcción el "ilustrado" René Descartes, gracias a su ilustradísima afirmación de que los animales son "simples máquinas que chirrían", contribuyó con la aportación de aquel mojón fundamental. Pero más allá del señalamiento de los hitos más relevantes, el pensamiento generalizado en relación a los animales se podría resumir a grandes rasgos en: "lo hacemos porque podemos". ¿Y por qué podemos? Porque somos más inteligentes. Esa es, sin ir más lejos, la razón mil veces esgrimida que ayuda a muchos a justificar y explicar por qué no es censurable matar animales y en cambio está mal matar humanos: nosotros somos inteligentes (o más inteligentes) y ellos no.

Peter Singer dedica gran parte de su libro (así como muchos otros trabajos ulteriores) a desmontar este pensamiento falaz. Su tesis, bastante acertada, me atrevería a decir, se puede sintetizar de la siguiente manera: si lo que nos detiene a la hora de acabar con la vida de los humanos fuera realmente su grado de inteligencia o de consciencia, entonces no deberíamos oponernos a la muerte (incluso la tortura) de, por ejemplo, las personas aquejadas de profundas discapacidades mentales o los enfermos en estado vegetativo irreversible. Muchos animales demuestran a diario tener mucha más inteligencia que incontables seres humanos discapacitados. Y sin embargo todos estamos completamente de acuerdo en que no sería correcto eliminar a estas personas. En otras palabras, el asesinato o el maltrato que estos individuos pudieran sufrir nos escandalizaría no porque se trate de individuos inteligentes o conscientes, sino porque se trata de *humanos*. Punto.

Coetzee también llama la atención sobre esta flagrante contradicción. Su personaje, Elizabeth Costello, afirma lo siguiente durante una conversación: "(Los animales) no son conscientes de un yo provisto de una historia. Lo que me preocupa es lo que suele venir a continuación. No tienen consciencia, *por tanto.* Por tanto, ¿qué? ¿Por tanto somos libres para usarlos a nuestro antojo? ¿Por qué? ¿Qué tiene de especial la forma de consciencia que conocemos para que matar a alguien que la posea sea un crimen mientras que matar a un animal queda impune?"(9). Uno de los personajes que dialoga con Costello, tras coincidir con ella y añadir que "los bebés no tienen consciencia de sí mismos y sin embargo nos parece un crimen más espantoso matar a un bebé que a un adulto", concluye: "Toda esta discusión sobre la consciencia y sobre si los animales la tienen no es más que una pantalla de humo. Al final todos protegemos a nuestra especie"(10).

He ahí el quid de la cuestión. Es lo que Peter Singer ha definido como "especismo", un concepto acuñado por él mismo con el objetivo expreso de vincularlo con las formas de pensamiento, igualmente prejuiciosas e irracionales, sobre las que también se sostienen el racismo y el machismo o sexismo. Singer define de manera escueta el especismo como "el prejuicio o actitud parcial favorable a los intereses de los miembros de nuestra propia especie y en contra de los de otras"(11). El filósofo establece la siguiente analogía: "El racista viola el principio de igualdad al dar más peso a los intereses de los miembros de su propia raza cuando hay un enfrentamiento entre sus intereses y los de otra raza. El sexista viola el mismo principio al favorecer los intereses de su propio sexo. De modo similar, el especista permite que los intereses de su propia especie predominen sobre los intereses esenciales de los miembros de otras especies. El modelo es idéntico en los tres casos"(12).

En otras palabras, maltratamos, sacrificamos y comemos animales sin demasiado remordimiento porque no pertenecen a nuestra especie. Así de sencillo. Esa es, sin ir más lejos, la razón por la que toda clase de canibalismo nos parece una perturbadora aberración en el reino animal. Simple sentido colectivo de preservación. Todas las demás especies de animales funcionan de manera similar, aunque por supuesto no llegan tan lejos en su devastación… y muchísimo menos dedican ingentes esfuerzos intelectuales a encontrar una explicación racional que justifique sus simples actos predatorios.

El especismo hace uso de la misma forma de pensamiento justificativo y autoexculpatorio que permitió al hombre blanco esclavizar y ajusticiar a los negros e indígenas durante siglos. Los mal llamados "salvajes" tampoco poseían, según los esclavistas y colonizadores, inteligencia suficiente que justificara su vida en libertad (o su vida a secas). En base a ese mismo tipo de razonamiento, a las mujeres no se les permitía eludir el tutelaje patriarcal ni ejercer el derecho al voto. Se trata de simples coartadas destinadas a que el bando de los fuertes, un club exclusivo al que solo se puede pertenecer en función de la raza, el sexo o la especie, pueda ejercer el poder (incluyendo el poder sobre la vida y la muerte) sin ningún tipo de restricciones. Lo cierto es que tenemos una malsana obsesión con la inteligencia que más bien habla bastante mal de nuestra propia inteligencia. De modo que cualquier justificación en torno a la consciencia o a la capacidad de raciocinio no es más que una excusa bastante endeble que busca limpiar en cierta medida nuestro sentimiento de culpa (en caso de que lo haya, repito).

Antes de seguir avanzando también habría que señalar que, dentro del especismo general, concurren igualmente otras formas de especismo particulares. Tal como ya señalamos, es bastante difícil encontrar, por ejemplo, una explicación por completo racional al hecho de que nos indigne profundamente la tortura y muerte intencionada de perros y gatos y, al mismo tiempo, nos parezca natural el maltrato y el exterminio diario de millones de animales, entre ellos los cerdos, que poseen cualidades racionales, afectivas y sociales muy semejantes, si no superiores, a las de muchas de nuestras mascotas.

Pero este libro, esta especie de manifiesto, no pretende ser un alegato en favor del vegetarianismo *per se*. O al menos no pretende ser únicamente eso. Tal como ya hemos reiterado en varias ocasiones, el objetivo es propiciar un debate urgente que ayude en última instancia a atenuar, ya que no revertir, la gravísima crisis climática a la que nos estamos enfrentando. Y si hemos puesto de manifiesto las diversas y muy variadas formas de maltrato animal, así como las contradicciones discursivas que dan forma al "especismo", ha sido con el único propósito de que algún lector considere seriamente la posibilidad de reducir en buena medida su consumo de carne por el bien del planeta. Es algo que se puede conseguir. Lo dice alguien que hasta pisar la treintena fue un voraz omnívoro apasionado del sabor de la carne (aún conservo algo de esa pasión, razón por la cual continúo degustando de cuando en cuando un buen pedazo de deliciosa carne cultivada en laboratorio). Fueron varios años de esfuerzo y ejercicio de voluntad hasta que finalmente conseguí reducir el consumo de carne a cero.

No, no estoy intentando colocarme de ejemplo ante nadie. Lo único que quiero decir es que si a usted, apreciado lector, le preocupa realmente el destino de sus descendientes y de nuestra civilización, debería proponerse seriamente reducir el consumo de carne. Es una misión que puede ser ardua pero perfectamente realizable. E incluso es bastante factible que se sienta físicamente mucho mejor al cabo de pocos meses, a pesar de todos los bulos que la industria cárnica y láctea nos ha metido en la cabeza acerca de la infinita cantidad de proteínas animales que necesitamos para sobrellevar la jornada. Allí está Novak Djokovic (y muchos otros deportistas de élite) para certificar lo bien que sienta una dieta vegana, la más radical de todas. "Siento que los 36 son los nuevos 26", ha afirmado el tenista serbio recientemente(13). Pero no es necesario llegar a tales extremos. Y una vez dado el primer paso, usted también debería divulgar esa decisión entre sus allegados. Compartir la información. Si no lo desea no lo haga por los animales (aunque aquello no estaría mal). Hágalo sobre todo por usted mismo. Y por sus hijos, sobrinos y nietos.

Decía uno de los personajes de la novela *Elizabeth Costello*: "Al final todos protegemos a nuestra especie". Pues eso es precisamente lo que tenemos que hacer: proteger a nuestra especie. ¿Cómo? Pues, entre otras cosas, reduciendo lo más posible el consumo de carne. Y sacando a colación el tema. Hablando del espantoso maltrato que sufren miles de millones de animales cada día del año. Hablando del terrible daño al planeta que causa la industria cárnica y de su enorme contribución al calentamiento global. Intentando que otros tomen conciencia y así emprendan igualmente el mismo camino. Ejerciendo presión hacia arriba, hacia las altas instancias del poder. ¿Demasiado ambicioso? ¿Y qué otra cosa podemos hacer?

Muchos nos acusan a los vegetarianos y veganos de comportarnos como intolerantes evangelizadores. Una vez más: ¿y qué otra cosa podemos hacer? ¿Qué otra cosa podemos hacer cuando pensamos que nuestra acción individual no es, ni por asomo, suficiente?

Qué duda cabe de que nuestras sociedades hiperinfatilizadas han hecho de la ocultación de la muerte una de sus principales razones de ser. La invisibilización de la parca se ha convertido en uno de los más refinados artes de estos tiempos también hipermodernos, como diría Lipovetsky. Hemos desterrado a la muerte. Ya no nos incordia ni nos estorba. Es más, ya no existe. Salvo cuando nos morimos, claro. Pero mientras no llegue ese momento tan engorroso, es necesario encubrirla al máximo. La muerte deprime. Está claro: la muerte quita las ganas de vivir. De disfrutar. De comprar. De comer. A menos que se nos muera un familiar muy cercano (y aun así no está del todo garantizada la inquietante visión), nunca observamos de frente y de cerca la faz de la muerte. A lo sumo, vemos la muerte en las noticias sobre tragedias y guerras acaecidas en aquellos países donde sigue estando cotidianamente presente y muy visible. Pero si los periódicos y los telediarios se exceden en la exposición de imágenes demasiado explícitas, entonces enviamos indignadas cartas de protesta al director. Nunca hay que sobrepasarse. En todo caso, el exceso de muerte debe falsearse con el fin de servir de puro entretenimiento. Las películas y las series de televisión, cada vez más violentas y sangrientas (y también cada vez más abundantes), compensan ese enorme déficit de *tánatos* que aqueja a millones de seres humanos en todo el planeta.

Y si esta ocultación es buscada y aplicada entre nosotros mismos, pues mucho más preciada lo es en relación a los millones de animales que son sacrificados cada día para satisfacer nuestro apetito. La Gran Hecatombe diaria ha de ser obligatoriamente silenciada, amordazada, enmascarada. De otro modo perderíamos la cabeza.

O quizá simplemente reduciríamos el consumo.

Comer carne (comer carne en las cantidades que lo hacemos hoy en día) se ha transformado en un autoengaño muy semejante a las mentiras piadosas que decimos a nuestros hijos pequeños cuando se ha muerto la mascota: No sufrió. Está dormido. Ahora está en un lugar mejor. O mejor: se fue de paseo.

Mejor no pensar en eso.

Hace apenas un par de días hicimos una excursión dominical a la montaña de Montserrat. Mi suegra estaba presente. Nos contó que el día anterior había degustado un exquisito plato de cordero. Nada que objetar, por supuesto. Pero quiso la Providencia que, por pura y asombrosa casualidad, de camino a casa por la autopista dejásemos atrás a un enorme camión en cuyo interior, a través de las rendijas, pudimos entrever a decenas de corderos intentando a duras penas mantenerse en pie. Alcé la mano en señal de respetuosa despedida y dije (no pude evitarlo): "De camino al matadero". Mi suegra, desde el asiento de atrás, replicó algo consternada: "¿Y cómo lo sabes?". Mi esposa le devolvió la pregunta: "¿Y adónde crees que van?". A lo que su madre respondió esperanzada: "Quizá los estén trasladando a otra granja". Mientras me decía a mí mismo entre murmullos "jamás en su vida se ha preguntado cómo llega la carne a su plato", mi esposa no tuvo más remedio que tomárselo a guasa: "Claro, mamá... los están sacando a pasear para que también disfruten del domingo al aire libre".

No, no se puede tener todo. No se puede disfrutar de la carne y al mismo tiempo pensar que los animales llevan unas vidas felices y alegres en la idílica granja de "*Old MacDonald ia-ia-o*". O sí se puede, me corrijo. Claro que se puede. Millones de seres humanos tienen ambas cosas cada día. Bien por ellos. Pero entonces, pensándolo un poco mejor, no se pueden tener estas tres cosas: disfrutar regularmente de la carne, pensar que los animales *no viven y mueren de la forma en que viven y mueren*, y al mismo tiempo estar exento de pagar un altísimo precio medioambiental.

Nuestra casa está en llamas. Literalmente. En este preciso momento. No es el futuro, no es después, no es más tarde: es ahora. Y si no comenzamos a decrecer ahora mismo, se hará finalmente realidad aquella ominosa frase atribuida al teórico Fredric Jameson: "Es más fácil imaginar el fin del mundo que el fin del capitalismo". Pues el fin del mundo ya ha llegado para millones de personas que lo han perdido todo y se han visto obligadas a dejar atrás sus tierras agostadas, desecadas, incendiadas, inundadas o arrasadas a causa de las incipientes guerras por los recursos, en especial los hídricos. Y también ya ha llegado para centenares de miles de especies que han desaparecido para siempre de la faz de la Tierra durante esta sexta extinción masiva propiciada por el Antropoceno. El final del mundo seguirá expandiéndose al mismo ritmo (o incluso mucho más rápido) con que lo hacen las zonas desérticas por todo el planeta. El final del mundo seguirá ganando fuerza a la par que los cada vez más frecuentes y destructivos incendios, tornados, inundaciones y tormentas. El final del mundo es la génesis de un planeta inhóspito. Y ese planeta inhóspito irá tomando forma día a día a nuestro alrededor si no nos sacamos de una vez por todas de la cabeza la teoría del crecimiento perpetuo que solo a unos pocos beneficia realmente. Es lo que continuará ocurriendo si no fomentamos el decrecimiento en el consumo de casas, de coches, de ropa, de plástico, de viajes en avión, de teléfonos y demás artilugios electrónicos, de miles y miles de objetos inútiles, de energía fósil, de agua... de carne. De *carne*. ¿Seguirán sintiendo una enorme satisfacción los milmillonarios de las industrias energética y cárnica cuando erijan sus nuevas mansiones sobre un erial inhabitable? ¿O más bien sus búnkeres bajo ese erial?

Hay demasiada gente interesada en que permanezcamos ciegos, sordos y mudos a la manera de los tres monos supuestamente sabios. Pero lo más urgente, lo más sensato, lo más *inteligente* es quitarnos de una vez por todas las manos de nuestros ojos, oídos y bocas.

Ya para finalizar, utilicemos un poco el simple sentido común (el menos común de los sentidos, según Voltaire). Pensémoslo por un momento. Veamos: nos enseñaron en la escuela que la Naturaleza es un Todo, un sistema orgánico, integrado y complejo en perfecto equilibrio. O al menos intenta recuperar ese equilibrio cuando se ha desbalanceado. Cada uno de los miembros que conformamos ese Todo aporta cambios puntuales que afectan negativa o positivamente dicho equilibrio. Lo hemos visto mil veces en los documentales de la 2: la introducción de un elemento foráneo, la desaparición de algún depredador o el crecimiento inusitado de cierta comunidad animal es capaz de desencadenar un aluvión de efectos cuyas consecuencias pueden ser impredecibles. A veces el ecosistema nunca vuelve a ser el mismo. El posterior reequilibrio podría ser muy distinto al original.

Y si aquello puede ocurrir en hábitats pequeños, medianos o grandes, también puede darse, por supuesto, a escala global. El ser humano no solo ha superado la cifra de ocho mil millones de individuos en lo que, representado en tiempos geológicos, ha sido un simple chasquido de dedos. También ha incrementado su consumo promedio de carne como nunca antes lo había hecho en la historia. Para saciar ese creciente apetito ha encerrado en enormes granjas a miles de millones de animales, muchos de ellos de tamaño considerable, para comérselos día a día, año tras año. Nada menos que el 62% de los todos mamíferos del planeta se encuentran ahora mismo encerrados en una granja esperando ser sacrificados en algún momento (los humanos representamos el 34%, mientras que los animales mamíferos en libertad apenas constituyen el 4%)(14). Es decir, hay casi el doble de mamíferos en granjas que humanos en el planeta, esto es, unos 15.000 millones de animales, la gran mayoría cerdos, corderos, vacas y terneros. Y además están las aves (nos comemos en torno a 65.000 millones cada año(15)). Y todos estos miles de millones de animales también necesitan ingerir alimentos. Consumen enormes cantidades de recursos, directa o indirectamente. Pastos cada vez más escasos. Y sobre todo agua para la elaboración de los piensos (un tercio de toda el agua potable que se consume en el planeta).

Quince mil litros por cada kilo de carne de ternera. Cerca de nueve mil por cada kilo de cordero(16). Seis mil litros por cada kilo de cerdo. 4.300 litros por cada kilo de pollo… Un ternero puede llegar a pesar cerca de 400 kilos a los 12 meses. Esto son 6 millones de litros de agua. Por cada ternero. Y son millones y millones de terneros. Y millones y millones de cerdos. Y miles de millones de aves. Más de 90 mil millones de animales terrestres son sacrificados cada año en nuestro planeta (de los acuáticos ni nos hemos ocupado). Solo en España se sacrifican cada año en torno a 56 millones de cerdos, 2,5 millones de vacas, 9,5 millones de corderos, 40 millones de conejos y 800 millones de aves(17).

Consiga una calculadora que sea capaz de ofrecer tantos ceros y obtenga cuánto es el total de agua que se requiere para todos ellos. No hay país en el mundo que pueda soportar eso (por ello España está obligada a importar piensos, granos y cereales… cada vez en mayor volumen). Y si todos los habitantes del planeta satisficieran el mismo apetito y la misma dieta que los europeos, estadounidenses y australianos, no estaríamos hablando en estos momentos de calentamiento global, sino de "ebullición" global.

Recordemos brevemente otros datos ya suministrados: el 80% de la deforestación global es provocada por la "limpieza" de tierras que luego se destinan al forraje y al pastoreo (más del 90% en el caso de la Amazonía), una deforestación que, por sí sola, es responsable de hasta el 20% de las emisiones de dióxido de carbono a la atmósfera. La industria ganadera aporta en torno al 15% del total de emisiones de gases de efecto invernadero, más que todo el transporte planetario (según otros estudios, el ganado es responsable de más del 50% de todas las emisiones si se toman en cuenta la deforestación y el dióxido de carbono que los millones de árboles talados cada año dejan de absorber). Tampoco podemos olvidarnos de que son miles de millones de animales que igualmente necesitan defecar, orinar y emitir otros gases altamente contaminantes como el metano y el óxido nitroso.

Y esto ocurre en prácticamente todos los rincones habitables y cultivables del planeta. A todas horas del día. Visto así, y usando ese sentido común tan poco común, ¿no cree usted que se trata de una completa locura? ¿No cree que carece de toda lógica y sentido? ¿No piensa usted que esto puede tener gravísimas consecuencias para el medioambiente y para el planeta? ¿No sería lógico pensar que existe una estrecha relación entre este demencial saqueo de recursos y el acelerado cambio climático que estamos presenciando cada día del año? ¿No deberíamos hacer algo al respecto? ¿Por qué no estamos hablando ahora mismo sobre este asunto? ¿Por qué seguimos mirando para otro lado? ¿Cuánto tiempo más podremos seguir actuando como si nada estuviera ocurriendo a nuestro alrededor?

Lo que estamos haciendo no está bien. No es una valoración moral, es una simple apreciación objetiva. No está bien del mismo modo que no está bien permitir que las termitas roan libremente los cimientos de una valiosa edificación. Es una embestida demasiado colosal, un incomprensible asalto autodestructivo emprendido de forma conjunta, masiva y a nivel planetario. Y la Tierra-Naturaleza, un organismo vivo y sumamente complejo, reacciona en consecuencia.

Lo que muchos místicos y esotéricos New Age han calificado como una justa venganza de Gaia o Pachamama ante la desenfrenada soberbia del hombre no es más que la desastrosa (y lógica) consecuencia de haber alterado el delicado equilibrio que durante millones de años propició la multiplicación de la vida en nuestro planeta. La Tierra está intentando reencontrar un nuevo equilibrio. Lo que estamos observando a nuestro alrededor son simplemente los síntomas más visibles de la búsqueda de esa nueva estabilidad. Y mientras nosotros, minúsculos pero sobreabundantes miembros de ese Todo, permanezcamos empeñados en seguir desbalanceando la frágil báscula a través de nuestro consumo insaciable, estará cada vez más lejano el día en que el planeta pueda alcanzar un nuevo punto de equilibrio que, de más está decir, no será tan hospitalario y confortable como el anterior.

Cierto grado de compasión por los animales puede obrar en favor de nuestro propio interés.

Barcelona, septiembre de 2023

Notas

Una Larga Introducción *¿Quién le pone el cascabel al gato?*

1. Existen, como es natural, muchísimas discrepancias en torno al supuesto vegetarianismo de Adolf Hitler y a las motivaciones de dicha dieta. Por ejemplo, el psiquiatra Fritz Redlich, en su libro *Diagnosis de un profeta destructivo*, asegura que Hitler evitaba comer carne para no alterar su "estómago nervioso", pues sufría de indigestión y de espasmos periódicos desde que era un adolescente. Aun así, Hitler nunca habría renunciado por completo a sus platos de carne favoritos, en especial las salchichas bávaras, las albóndigas de hígado y las piezas de caza rellenas y asadas. Por su parte, el autor Philip Kapleau afirma que el dictador tenía pánico a que le apareciese un cáncer (su madre había muerto así) y creía que la dieta omnívora y la contaminación eran las causantes de esa enfermedad. En cualquier caso, su supuesta reluctancia a ingerir carne nada tenía que ver con el supuesto cariño o respeto hacia los animales, por más veces que lo hayamos visto acariciando (sin demasiada efusión) a su perro pastor alemán.
2. "Un 83% de los españoles cree que el cambio climático es una amenaza que hay que combatir ya". Valvanera Ulargui, directora de la Oficina Española de Cambio Climático. El País Semanal, 18/12/22. Por otra parte, una mayoría de los españoles "cree que el cambio climático y el calentamiento global serán los principales problemas del mundo dentro de 10 años, según la Encuesta sobre tendencias sociales del CIS". *Los españoles creen que el cambio climático será el principal problema en 10 años*. La Vanguardia. 25/11/2022.

   (https://www.lavanguardia.com/natural/20221125/8621425/espanoles-creen-cambio-climatico-sera-principal-problema-10-anos-pmv.html)

3. Según el trabajo *Climate Mitigation Gap* de Wyner y Nicholas, "las cuatro acciones de mayor impacto que un individuo puede hacer para tratar de resolver el cambio climático son: llevar una dieta vegetariana, evitar los viajes aéreos, vivir sin hacer uso del coche y tener menos hijos". Citado por Jonathan Safran Foer en *Podemos salvar el mundo antes de cenar*, Editorial Seix Barral, 2019, pág. 117.

(https://www.science.org/doi/10.1126/science.aaq0216)

—Por otra parte, según un estudio realizado por J. Poore y T. Nemecek y publicado por la revista *Science* en junio del 2018, evitar la carne y los productos lácteos es el método más importante para reducir el impacto medioambiental en el planeta a modo individual.

Avoiding meat and dairy is "single biggest way" to reduce your impact on Earth. The Guardian. 31/05/2018.

(https://www.theguardian.com/environment/2018/may/31/avoiding-meat-and-dairy-is-single-biggest-way-to-reduce-your-impact-on-earth)

4. *La larga sombra del ganado*, publicado por la FAO en el 2006. Autores: H. Steinfeld; P. Gerber, T. Wassenaar, V. Castel, M. Rosales, C. de Haan.

(https://www.fao.org/3/a0701s/a0701s.pdf)

—El informe *Ganadería y cambio climático*, publicado en el 2009 por el Worldwatch Institute, eleva esa contribución hasta el pasmoso 51% del total de las emisiones globales anuales de gases de efecto invernadero. Abordaremos estas notables discrepancias en el capítulo que sigue a continuación.

5. "La ganadería es, con gran diferencia, la actividad humana que ocupa una mayor superficie de tierra. El área total dedicada al pastoreo equivale al 26 por ciento de la superficie terrestre libre de glaciares del planeta, mientras que el área destinada a la producción de forrajes representa el 33 por ciento del total de tierra cultivable. En total, a la producción ganadera se destina el 70 por ciento de la superficie agrícola y el 30 por ciento de la superficie terrestre del planeta".

La larga sombra del ganado. FAO, 2006.

6. "La agricultura representa el 92% del consumo de agua dulce de la humanidad; casi un tercio se relaciona con productos animales".

The water footprint of poultry, pork and beef: A comparative study in different countries and production systems. Water Resources and Industry, 2013.

(https://www.sciencedirect.com/science/article/pii/S2212371713000024?_ga=2.166460158.1517681114.1676389261-2075963154.1676389261)

— "La agricultura animal es responsable del 20%-33% del consumo total global de agua fresca hoy en día".

A Global Assessment of the Water Footprint of Farm Animal Products. Mekonnen y Hoekstra. Ecosystems (2012).

(https://www.waterfootprint.org/resources/Mekonnen-Hoekstra-2012-WaterFootprintFarmAnimalProducts_1.pdf)

7. El consumo mundial de carbón aumentó un 1,2% en 2022, superando por primera vez los 8.000 millones de toneladas en un solo año y eclipsando el récord anterior establecido en 2013. Son datos aportados por Coal 2022, el último informe anual de mercado de la Agencia Internacional de la Energía sobre el sector. *El consumo de carbón bate su récord mundial en 2022.* El Economista. 11/01/2023.

(https://www.eleconomista.es/energia/noticias/12103717/01/23/El-consumo-de-carbon-bate-su-record-mundial-en-2022.html)

8. "Los datos más recientes sobre los animales terrestres criados, mantenidos y sacrificados para el consumo han revelado una cifra más alta que nunca: se estima que 92.200 millones de animales terrestres son sacrificados anualmente en el sistema alimentario mundial, según la Organización de las Naciones Unidas para la Alimentación y la Agricultura". *More animals than ever before —92.2 billions—are used and killed each year for food.* A Humane World. 05/06/2023.

(https://blog.humanesociety.org/2023/06/more-animals-than-ever-before-92-2-billion-are-used-and-killed-each-year-for-food.html#:~:text=The%20most%20recent%20data%20about,the%20Food%20and%20Agriculture%20Organization)

9. *La industria cárnica mata a 70.000 millones de animales al año.* elDiario.es. 10/01/2019.

(https://www.eldiario.es/carnecruda/consuma-crudeza/industria-carnica-mata-millones-animales_132_1753729.html)

10. *Filosofía para los viajeros. Cómo frenar la culpa por tu huella de carbono.* Michael Marder. El País, 24/12/2022.

(https://elpais.com/ideas/2022-12-24/filosofia-para-los-viajeros-como-frenar-la-culpa-por-tu-huella-de-carbono.html?fbclid=IwAR33R3SZl-nL5_RwoZwVXrEN7sOwiZBNfH5w-gTfHlBBNiVqI7yQ4HKS6ZQ)

11. *El ministro Garzón pide comer menos carne para proteger la salud y el planeta.* La Vanguardia, 08/07/2021.

(https://www.lavanguardia.com/natural/20210708/7585508/garzon-pide-comer-menos-carne-proteger-planeta.html)

12. *Alberto Garzón vuelve a cargar contra las macrogranjas.* El Mundo, 29/01/2022.

(https://www.elmundo.es/espana/2022/01/29/61f5156b21efa0560f8b4598.html)

13. *Casado defiende las macrogranjas desde un negocio con 70 vacas a las que llaman por su nombre.* El Periódico. 14/01/2022.

(https://www.elperiodico.com/es/politica/20220114/casado-defiende-macrogranjas-explotacion-extensiva-garzon-13097164)

14. *Meet your Meat* ("Conoce tu carne") es un vídeo bastante ilustrativo al que se puede acceder a través de YouTube (existe versión en castellano). Con una duración de 12 minutos y narrado por Alec Baldwin, el documental fue producido por la organización animalista estadounidense PETA (*People for the Ethical Treatment of Animals*). Las crudas imágenes muestran el trato que normalmente reciben los cerdos, gallinas y vacas en las granjas industriales y mataderos. He sugerido a varios amigos carnívoros mirar el cortometraje. La gran mayoría interrumpió el documental en torno al minuto cuatro. Ellos mismos han sido honestos y me han brindado la explicación: si continuaban mirando las imágenes, les sería bastante difícil continuar consumiendo carne. Y eso es algo que, por supuesto, muy pocas personas desean.

15. Investigadores del Oxford Martin School sostienen que la adopción de dietas vegetarianas podría reducir las emisiones relacionadas con los alimentos en un 29%, mientras que las dietas veganas lo harían en un 70%. *Veggie-based diets could save 8 millions by 2050 and cut global warming.* University of Oxford. 22/03/2016.

(https://www.ox.ac.uk/news/2016-03-22-veggie-based-diets-could-save-8-million-lives-2050-and-cut-global-warming?fbclid=IwAR2KfUcWaCZMsEBWhyEOXOqrs2l-Hu7pfqMP6ft5Ld3PdbzPwFJNHGdVXAo)

—Por otra parte, según un estudio elaborado por Patrick Brown, profesor emérito del departamento de bioquímica de la Universidad de Stanford, "si en los próximos 15 años se eliminara gradualmente la ganadería y el mundo transitara hacia un esquema de alimentación basado en plantas en el mismo lapso, el mundo experimentaría el mismo efecto que reducir en 68% las emisiones de dióxido de carbono para 2100". *Acabar con la ganadería pondría al mundo a mitad del camino para salir de la crisis climática*. National Geographic. 03/02/2022.

(https://www.ngenespanol.com/ecologia/acabar-con-la-ganaderia-pondria-al-mundo-a-mitad-del-camino-para-salir-de-la-crisis-climatica/?fbclid=IwAR1LXr00iw0OIRAytH88sSVy7jZX2uoclF0HxqYKkaTrp__akDfDBnyPOoM)

16. "Los inmigrantes representan el 37% de la fuerza laboral en la industria cárnica, según el Migrant Policy Institute". *The people who feed the United States*. Ismail Ferdous. World Press Photo 2022.

(https://www.worldpressphoto.org/collection/photo-contest/2022/ismail-ferdous/1?fbclid=IwAR2-vU0q4KldqL747EqRRvT3n-4cA-5yqKVZpdj27OhTZ4A1AMd9cMJVmbiI)

17. *"Il est presque plus facile de visiter un sous-marin nucléaire qu'un abattoir", dénonce le député Olivier Falorni*. L'Usine Nouvelle. 07/04/2016.

(https://www.usinenouvelle.com/article/il-est-presque-plus-facile-de-visiter-un-sous-marin-nucleaire-qu-un-abattoir-denonce-le-depute-olivier-falorni.N386282)

18. "Klein afirma que los políticos no quieren arriesgarse a impulsar cambios socioeconómicos radicales. Esto pondría en peligro el gran sistema capitalista, ya que precisamente son las poderosas compañías que mantienen el sistema las principales responsables de las emisiones de carbono que alimentan el efecto invernadero". Entrevista realizada por Manos Unidas. Estas palabras pueden ser perfectamente aplicables tanto a las grandes corporaciones energéticas como a las cárnicas. Naomi Klein sostiene: "El cambio climático no ha sido tratado nunca como una crisis por nuestros dirigentes, a pesar de que encierre el riesgo de destruir vidas a una escala inmensamente mayor que los derrumbes de los bancos. Es evidente que el hecho de que algo reciba consideración oficial de crisis depende tanto del poder como de las prioridades del poder".

Esto lo cambia todo, dice Naomi Klein. Manos Unidas.

(https://www.manosunidas.org/observatorio/cambio-climatico/naomi-klein-esto-lo-cambia-todo)

19. Extracto del libro *El Evangelio sin Dios. ¿Fue Jesús un gran maestro de la moral?* Editorial Paidós. Septiembre de 2023.

-Para conocer el bien, o el mal, primero hay que verlo. El País. 06/079/2023.

(https://elpais.com/ideas/2023-08-29/para-conocer-el-bien-o-el-mal-primero-hay-que-verlo.html)

Capítulo I
La Tierra llamando a Tierra

1. (https://www.youtube.com/watch?v=9eSw2IcuX48)

2. "Nuestro uso de animales como tecnología de producción de alimentos nos ha llevado al borde de la catástrofe. El impacto destructivo de la agricultura animal en nuestro medio ambiente supera con creces el de cualquier otra tecnología en la Tierra". *Tackling the world's most urgent problem: meat.* Informe del Programa de las Naciones Unidas para el Medio Ambiente.
(https://www.unep.org/championsofearth/news-and-stories/tackling-worlds-most-urgent-problem-meat)

3. (https://www.youtube.com/watch?v=7WvehTbuvIo)

4. "Cowspiracy" (2014). Directores: Kip Andersen y Keegan Kuhn. Disponible en Netflix.

5. *Agricultura y Ganadería.* Greenpeace.
(https://es.greenpeace.org/es/trabajamos-en/agricultura/)

6. *Anuario de Estadística 2018.* Ministerio de Agricultura, Pesca y Alimentación.
(https://www.mapa.gob.es/es/estadistica/temas/publicaciones/anuario-de-estadistica/2018/default.aspx?parte=3&capitulo=08&grupo=2&seccion=5)

7. (https://www.youtube.com/watch?v=OddlzKikgeA)

8. Según las cifras aportadas por el Ministerio de Agricultura, Pesca y Alimentación, en España se sacrificaron durante el 2020 un total de 800,6 millones de aves, 56,4 millones de cerdos, 40,7 millones de conejos, 9,45 millones de corderos, 2,4 millones de vacas y terneros, y 1,2 millones de cabras. Todo lo cual hace un total aproximado de 911 millones de animales. *Lo que se sacrifica en España, en un gráfico.* elDiario.es. 21/03/2021.
(https://www.eldiario.es/ballenablanca/biodiversidad/sacrifica-espana-grafico_1_7343468.html)

9. *El sector cárnico español.* Asociación Nacional de Industrias de la Carne de España.

(https://www.anice.es/industrias/el-sector/el-sector-carnico-espanol_171_1_ap.html)

10. Según un estudio dirigido por investigadores de la escuela Harvard T.H. Chan de Salud Pública, "las personas que aumentaron sus raciones diarias de carne roja durante un período de ocho años tenían más probabilidades de morir durante los siguientes ocho años en comparación con las personas que no aumentaron su consumo de carne roja. Una importante evidencia ha demostrado que un mayor consumo de carne roja, especialmente la procesada, se asocia con un mayor riesgo de diabetes tipo 2, enfermedad cardiovascular, ciertos tipos de cáncer, incluidos los de colon y recto, y muerte prematura".

Así afecta a tu salud consumir carne roja, especialmente si te pasas. La Vanguardia. 13/06/2019.

(https://www.lavanguardia.com/comer/al-dia/20190613/462851230036/consumo-carne-roja-salud-riesgo-mortalidad-nutricion.html)

11. *España es el 12º país más carnívoro del mundo, con 94 kilos por persona al año*. Solidaridad Digital. 12/08/2019.

(https://www.solidaridaddigital.es/noticias/internacional/espana-es-el-12o-pais-mas-carnivoro-del-mundo-con-94-kilos-por-persona-al#:~:text=El%20ranking%20lo%20encabeza%20Australia,)%20y%20España%C3%B1a%20(94%2C04)

12. "El consumo mundial de carne en 2021 superó en más del doble el registrado en 1990, situándose por encima de los 328 millones de toneladas métricas".

Volumen de carne consumida a nivel mundial de 1990 a 2021, por tipo de carne. Statista. 02/09/2022.

(https://es.statista.com/estadisticas/1330024/consumo-de-carne-a-nivel-mundial-por-tipo/#:~:text=El%20consumo%20mundial%20de%20carne,132%2C5%20millones%20en%202021)

13. *FAO: previsto un aumento del consumo de carne de casi el 73% para el año 2050*. 3tres3.com. 16/12/2011

(https://www.3tres3.com/ultima-hora/fao-previsto-un-aumento-del-consumo-de-carne-de-casi-el-73-para-el-a_30469/)

14. *¿Qué es el día de la sobrecapacidad de la Tierra?* Carbono.news. 05/01/2023.

(https://www.carbono.news/recursos-naturales/que-es-el-dia-de-sobrecapacidad-de-la-tierra/)

15. *El Hambre* (Capítulo: Calcuta). 2014. Martín Caparrós. Editorial Anagrama.

Calcuta. El País. 14/10/2016.

(https://elpais.com/elpais/2016/10/07/planeta_futuro/1475861060_842947.html)

16. *España ya es el principal exportador de carne de porcino a China.* Cárnica. 30/04/2021.

(https://carnica.cdecomunicacion.es/noticias/44659/espana-principal-exportador-carne-porcino-china)

17. *La inflación baja con fuerza en marzo y la subida de los alimentos se modera: ¿qué productos se han encarecido más?* Activos. 14/04/2023.

(https://www.epe.es/es/activos/20230414/que-alimentos-encarecido-mas-marzo-2023-dv-85990198)

18. *La sequía amenaza con acentuar la escalada inflacionista de los alimentos.* El País. 15/04/2023.

(https://elpais.com/economia/2023-04-15/la-sequia-amenaza-con-acentuar-la-escalada-inflacionista-de-los-alimentos.html)

19. *SOS de la agricultura catalana por la extrema sequía: "La situación es muy dramática".* La Vanguardia. 19/04/2023.

(https://www.lavanguardia.com/vida/20230419/8905310/sos-agricultura-extrema-sequia-situacion-dramatica.html#:~:text=Un%20cambio%20de%20estrategia%20%E2%80%9Cque,piensos%E2%80%9D%2C%20augura%20Miquel%20Pi%C3%B1ol.).

20. *Una ola de calor asola Asia con temperaturas extremas superiores a los 40 grados.* El Confidencial. 19/04/2023.

(https://www.elconfidencial.com/mundo/2023-04-19/ola-calor-asis-temperaturas-extremas_3614122/)

—*Severe heatwave engulfs Asia causing deaths and forcing schools to close.* The Guardian. 19/04/2023.

(https://www.theguardian.com/weather/2023/apr/19/severe-heatwave-asia-deaths-schools-close-india-china)

21. *El informe anual de la OMM pone de relieve el avance continuo del cambio climático.* Organización Meteorológica Mundial. 21/04/2023.

(https://public.wmo.int/es/media/comunicados-de-prensa/el-informe-anual-de-la-omm-pone-de-relieve-el-avance-continuo-del-cambio)

—*Atlas de la crisis climática: muertes por calor, retrocesos de glaciares, aumento del nivel del mar y récord de temperaturas.* El País. 21/04/2023.

(https://elpais.com/clima-y-medio-ambiente/2023-04-21/atlas-de-la-crisis-climatica-muertes-por-calor-retrocesos-de-glaciares-aumento-del-nivel-del-mar-y-record-de-temperaturas.html)

22. "El metano es un potente gas de efecto invernadero y su poder de calentamiento es más de 80 veces mayor que el dióxido de carbono (...). Las emisiones del ganado, provenientes del estiércol y de las liberaciones gastroentéricas, producen aproximadamente 32% de las emisiones de metano causadas por el hombre".

Las emisiones de metano están acelerando el cambio climático. ¿Cómo podemos reducirlas? Programa de las Naciones Unidas para el Medio Ambiente.

(https://www.unep.org/es/noticias-y-reportajes/reportajes/las-emisiones-de-metano-estan-acelerando-el-cambio-climatico-como#:~:text=La%20agricultura%20es%20la%20fuente,metano%20causadas%20por%20el%20hombre)

23. "Las vacas son responsables del 65 por ciento del óxido nitroso que emiten las industrias. Es un gas con un potencial de calentamiento global (GWP, por sus siglas en inglés) 296 superior al del CO2". *La larga sombra del ganado*. Steinfeld y otros. FAO.

(https://www.fao.org/3/a0701s/a0701s.pdf)

24. *Cambio climático: lo que está haciendo la UE*. Consejo Europeo.

(https://www.consilium.europa.eu/es/policies/climate-change/)

25. *A partir de 2035, la UE producirá solo coches eléctricos*. Made for Minds. 15/02/2023.

(https://www.dw.com/es/adi%C3%B3s-a-los-motores-de-combusti%C3%B3n-a-partir-de-2035-la-ue-producir%C3%A1-solo-coches-el%C3%A9ctricos/a-64715808)

26. *España consigue fondos europeos y flexibilizar la PAC para los agricultores y ganaderos afectados por la sequía*. Ministerio de Agricultura, Pesca y Alimentación. 27/06/2023.

(https://www.mapa.gob.es/es/prensa/ultimas-noticias/espa%C3%B1a-consigue-fondos-europeos-y-flexibilizar-la-pac-para-los-agricultores-y-ganaderos-afectados-por-la-sequ%C3%ADa/tcm:30-655475)

27. *Abril de 2023, el abril más cálido y seco desde que existen registros*. Aemet. 09/05/2023.

(https://www.aemet.es/es/noticias/2023/05/avance_abril_2023)

—España, camino del abril más seco: solo han caído 5 litros en lo que va de mes frente a los 32 de promedio. El País. 19/04/2023.

(https://elpais.com/clima-y-medio-ambiente/2023-04-19/espana-camino-del-abril-mas-seco-desde-que-hay-registros-solo-han-caido-5-litros-en-lo-que-va-de-mes-frente-a-los-32-de-promedio.html)

28. *Córdoba roza los 39 grados y bate el récord de temperatura en abril.* Sur. 27/04/2023.
(https://www.diariosur.es/sociedad/cordoba-roza-grados-bate-record-temperatura-abril-20230427201126-ntrc.html)

29. *El Ebro hace historia en Zaragoza con el caudal más bajo en 110 años.* El Periódico de Aragón. 09/05/2023.
(https://www.elperiodicodearagon.com/aragon/2023/05/09/ebro-historia-zaragoza-caudal-110-87077070.html)

30. *The Colorado river is shrinking. See what's using all the water.* The New York Times. 22/05/2023.
(https://www.nytimes.com/interactive/2023/05/22/climate/colorado-river-water.html)

31. *Consumo cárnico a nivel mundial.* The Food Tech. 07/05/2020.
(https://thefoodtech.com/tendencias-de-consumo/consumo-carnico-a-nivel-mundial/#:~:text=Estados%20Unidos%20registra%20el%20mayor,nivel%20adquisitivo%20es%20muy%20bajo)

32. *Soja y maíz: las pérdidas de los productores por la sequía podrían superar los USD 1.300 por hectárea.* Infobae. 10/04/2023.
(https://www.infobae.com/economia/campo/2023/03/10/soja-y-maiz-las-perdidas-de-los-productores-por-la-sequia-podrian-superar-los-usd-1300-por-hectarea/)

33. *El gobierno aprueba ayudas directas de Estado por más de 636 millones de euros para apoyar a los agricultores y ganaderos frente a la sequía.* Ministerio de Agricultura, Pesca y Alimentación. 11/05/2023.
(https://www.mapa.gob.es/es/prensa/ultimas-noticias/el-gobierno-aprueba-ayudas-directas-de-estado-por-m%C3%A1s-de-636-millones-de-euros-para-apoyar-a-los-agricultores-y-ganaderos-frente-a-la-sequ%C3%ADa/tcm:30-652215)

34. *El modelo predominante de ganadería industrial en España es insostenible.* Greenpeace. 20/03/2018.
(https://es.greenpeace.org/es/sala-de-prensa/comunicados/el-modelo-predominante-de-ganaderia-industrial-en-espana-es-insostenible/)

35. *El uso del agua en la agricultura: avanzando en la modernización del regadío y la gestión eficiente del agua.* CaixaBank Research. 01/04/2022.

(https://www.caixabankresearch.com/es/analisis-sectorial/agroalimentario/uso-del-agua-agricultura-avanzando-modernizacion-del-regadio-y#:~:text=En%20Espa%C3%B1a%2C%20el%20sector%20agr%C3%ADcola,resto%20de%20las%20actividades%20econ%C3%B3micas)

36. *El uso del agua en la agricultura.* Fundación Aquae.
(https://www.fundacionaquae.org/wiki/5-000-litros-de-agua-1-kilo-de-arroz-el-uso-del-agua-en-la-agricultura/#:~:text=El%20riego%20agr%C3%ADcola%20representa%20el,%2C%20eficaces%2C%20sostenibles%20y%20justos)

37. *Water Footprint of Poultry, Pork and Beef.* Gerbens-Leenes y otros.
(https://www.sciencedirect.com/science/article/pii/S2212371713000024)

38. *El mundo camina hacia una guerra económica para controlar el agua.* El País. 13/05/2023.
(https://elpais.com/economia/negocios/2023-05-13/el-mundo-camina-hacia-una-guerra-economica-para-controlar-el-agua.html)

39. *Así son los jóvenes españoles del activismo climático más radical: "Estamos dispuestos a ir a la cárcel".* El País. 06/02/2023.
(https://elpais.com/clima-y-medio-ambiente/2023-02-06/asi-son-los-jovenes-espanoles-del-activismo-climatico-mas-radical-estamos-dispuestos-a-ir-a-la-carcel.html)

40. *El grito de la última generación. Pegarse con cola al escenario puede ayudar a salvar el mundo.* El País. 22/01/2023.
(https://elpais.com/ideas/2023-01-22/el-grito-de-la-ultima-generacion-pegarse-con-cola-al-escenario-puede-ayudar-a-salvar-el-mundo.html)

41. *¿Quién está detrás de las olas de incendios en Asturias?: "El noroeste de España tiene un problema con el uso del fuego".* RTVE. 05/04/2023.
(https://www.rtve.es/noticias/20230405/ganaderia-oleada-incendios-generacion-pastos/2435711.shtml)

42. *Chile combate la ola de incendios forestales más mortífera de la última década.* El País. 06/02/2023.
(https://elpais.com/chile/2023-02-06/chile-combate-la-ola-de-incendios-forestales-mas-mortifera-de-la-ultima-decada.html)

43. *Soy.* Hannah Ritchie. Our World in Data.
(http://ourworldindata.org/soy)

44. *Unsustainable Cattle Ranching. The hidden cost of burguers.* World Wide Fund. (https://wwf.panda.org/discover/knowledge_hub/where_we_work/amazon/amazon_threats/unsustainable_cattle_ranching/)

45. "En los últimos cien años nuestro consumo de agua se ha multiplicado por seis. La irrigación ya consume en torno al 70 por ciento del agua que extraemos de ríos, lagos y acuíferos. Debido al gran volumen de agua utilizada en la agricultura, ríos como el Colorado y el Bravo no consiguen ya desembocar en el mar, mientras que lagos como el mar de Aral se están reduciendo. La demanda de agua para riego es uno de los motivos por los que las especies que viven en agua dulce se están extinguiendo a una velocidad unas cinco veces superior a la de las especies que viven en la tierra". *Regénesis. Alimentar al mundo sin devorar el planeta.* George Monbiot. Pág. 84. Editorial Capitán Swing. 2023.

46. *Amazonas.* Greenpeace. (https://es.greenpeace.org/es/trabajamos-en/bosques/amazonas/)

47. *Causes of Deforestation of the Brazilian Amazon.* Sergio Margulis. World Bank Working Paper No. 22. (https://documents1.worldbank.org/curated/en/758171468768828889/pdf/277150PAPER0wbwp0no1022.pdf)

48. *Amazonia as a carbon source linked to deforestation and climate change.* Luciana V. Gatti y otros. Nature. (https://www.nature.com/articles/s41586-021-03629-6)

49. *El Amazonas perdió dos campos de fútbol de selva por minuto en el 2020.* Verde y Azul. 11/01/2021. (https://verdeyazul.diarioinformacion.com/el-amazonas-perdio-dos-campos-de-futbol-de-selva-cada-minuto-en-2020.html)

50. *La producción brasileña de carne podría crecer en un 23% en los próximos 10 años.* Eurocarne Digital. 25/11/2022. (https://eurocarne.com/noticias/codigo/56551/kw/La+producci%C3%B3n+brasile%C3%B1a+de+carne+podr%C3%ADa+crecer+en+un+23%25+en+los+pr%C3%B3ximos+10+a%C3%B1os#:~:text=La%20producci%C3%B3n%20total%20de%20carne,de%20la%20producci%C3%B3n%20del%2023%25)

51. *Brazil once again becomes the world's largest beef exporter.* AgEcon Search. 01/07/2019. (https://ageconsearch.umn.edu/record/302722/#:~:text=In%202018%2C%20Brazil%20was%20the,exporter%2C%20by%20527%2C000%20metric%20tons)

52. *Brasil: Datos y cifras tras las explotaciones ganaderas ilegales que alimentan la destrucción de la selva amazónica.* Amnistía Internacional. 26/11/2019.

(https://www.amnesty.org/es/latest/news/2019/11/brazil-facts-and-figures-behind-illegal-cattle-farms-fuelling-amazon-rainforest-destruction/#:~:text=Brasil%20tiene%20m%C3%A1s%20cabezas%20de,a%20un%20campo%20de%20f%C3%BAtbol)

53. *¡Rebaño récord! Hato alcanza 224,6 millones de cabezas en Brasil.* Publiagro. 26/09/2022.

(https://publiagro.com.bo/2022/09/record-hato-ganadero-brasil/#:~:text=El%20reba%C3%B1o%20fue%20r%C3%A9cord%20en,el%20reba%C3%B1o%20bovino%20en%201974)

54. *El hambre en Brasil se dispara a niveles de hace tres décadas al alcanzar los 33 millones de personas.* El País. 08/06/2022.

(https://elpais.com/internacional/2022-06-08/el-hambre-en-brasil-se-dispara-a-niveles-de-hace-tres-decadas-al-alcanzar-los-33-millones-de-personas.html)

55. *El superpoder de la soja en Brasil.* El País. 24/04/2021.

(https://elpais.com/internacional/2021-04-24/el-superpoder-de-la-soja-en-brasil.html)

56. *La cosecha de soja en Brasil, durante 2022/23, podría llegar a los 151,4 millones de toneladas, un 20,6% más que en la previa.* Agronews Castilla y León. 10/03/2023.

(https://www.agronewscastillayleon.com/la-cosecha-de-soja-en-brasil-durante-202223-podria-llegar-los-1514-millones-de-toneladas-un-206-mas/)

57. *Cifras del comercio exterior en Brasil.* Santander Trade Markets.

(https://santandertrade.com/es/portal/analizar-mercados/brasil/cifras-comercio-exterior#:~:text=Brasil%20exporta%20principalmente%20minerales%20de,petr%C3%B3leo%20(3%2C2%25)

58. *Soja en Brasil.* OEC. Junio de 2023.

(https://oec.world/es/profile/bilateral-product/soybeans/reporter/bra#:~:text=El%20principal%20destino%20de%20Soja,%2C%20y%20Tailandia%20(%24384M)

59. *Vásquez Pumariño, sobre la soja en las macrogranjas españolas: "Somos nosotros quienes estamos impulsando la quema de la Amazonía".* El Salto. 29/08/2019.

(https://www.elsaltodiario.com/amazonia/vazquez-pumarino-soja-macrogranjas-espanolas-somos-nosotros-impulsando-quema)

60. *Regénesis*. George Monbiot. Págs: 122-123.

61. *La Amazonia brasileña libera más CO2 del que es capaz de absorber*. Compromiso RCE. 30/06/2022.

(https://www.compromisorse.com/rse/2022/06/30/la-amazonia-brasilena-libera-mas-c02-del-que-es-capaz-de-absorber/#:~:text=Seg%C3%BAn%20un%20estudio%20publicado%20en,neto%20de%20di%C3%B3xido%20de%20carbono)

—*Amazon rainforest now emitting more CO2 than it absorbs*. The Guardian.14/07/2021.

(https://www.theguardian.com/environment/2021/jul/14/amazon-rainforest-now-emitting-more-co2-than-it-absorbs)

62. *El Planeta Inhóspito*. David Wallace-Wells. Editorial Debate.

63. *Why we should forget about the 1.5C global heating target*. The Guardian. 12/09/2022.

(https://www.theguardian.com/commentisfree/2022/sep/12/global-heating-fighting-degree-target-2030)

64. *ONU destaca la relación entre el agua y la seguridad alimentaria*. Departamento de Asuntos Económicos y Sociales de las Naciones Unidas.

(https://www.un.org/es/desa/ensuring-access-to-water-for-agriculture-is-vital-for-sustainable-future#:~:text=La%20FAO%20indic%C3%B3%20que%20se,unos%203.000%20litros%20de%20agua)

65. *El negocio de la carne: 910 millones de animales sacrificados en España en 2020*. Verde y Azul. 17/09/2021.

(https://verdeyazul.diarioinformacion.com/el-negocio-de-la-carne-910-millones-de-animales-sacrificados-en-espana-en-2020.html)

66. *Cuánta agua se necesita para producir alimentos*. Fundación Aquae.

(https://www.fundacionaquae.org/cuanta-agua-se-necesita-para-producir-alimentos/#:~:text=Si%20hablamos%20de%20medio%20kilo,de%20patatas%20fritas%2C%20185%20litros)

67. *Casi nueve millones de personas sufren ya restricciones de agua por la sequía en España*. El País. 07/09/2023.

(https://elpais.com/clima-y-medio-ambiente/2023-08-07/mas-de-87-millones-de-personas-sufren-ya-restricciones-de-agua-por-la-sequia-en-espana.html?fbclid=IwAR2VbBzi0Eb7T5PyGWDFzPp-18j09g1Y9fn44VnWZOfwk8nYyAmrUYpEbZc)

68. Ver nota 66.

69. *Regénesis*. George Monbiot. Pág. 73.

70. *El Hambre* (Capítulo: Calcuta). Martín Caparrós.

71. *Reducing food's environmental impacts through producers and consumers.* Poore y Nemecek. Science Journals. Febrero del 2019.

(https://josephpoore.com/Science%20360%206392%20987%20-%20Accepted%20Manuscript.pdf)

72. *Avoiding meat and dairy is "single biggest way" to reduce your impact on Earth.* The Guardian. 31/05/2018.

(https://www.theguardian.com/environment/2018/may/31/avoiding-meat-and-dairy-is-single-biggest-way-to-reduce-your-impact-on-earth)

73. "En la actualidad, los datos señalan que nuestro planeta se encuentra inmerso en lo que podría ser la sexta extinción masiva, también conocida como extinción del Antropoceno, por su aparición simultánea -y en parte, causal- al impacto global de las actividades humanas. La actual tasa de extinción es de entre 100 y 1.000 veces el promedio natural en la evolución y la Unión Internacional para la Conservación de la Naturaleza (UICN) calcula que una de cada ocho especies de aves, una de cada cuatro de mamíferos y una de cada tres de anfibios se encuentran en peligro de extinción". *La sexta extinción masiva de especies puede llegar a ser incluso peor de lo previsto por los expertos.* La Vanguardia. 26/05/2023.

(https://www.lavanguardia.com/natural/20230526/8993570/sexta-extincion-masiva-especies-llegar-peor-previsto-expertos.html#:~:text=En%20la%20actualidad%2C%20los%20datos,global%20de%20las%20actividades%20humanas)

74. *Regénesis.* George Monbiot. Pág. 109.

75. *Presentación informe macroganjas: La contaminación del agua por nitratos ha aumentado más del 50% en solo cuatro años.* Greenpeace. 14/10/2021.

(https://es.greenpeace.org/es/sala-de-prensa/comunicados/la-contaminacion-del-agua-por-nitratos-ha-aumentado-mas-del-50-en-solo-cuatro-anos/)

76. *El gobierno de Murcia ignoró varios avisos de que las macrogranjas de cerdos contaminaban el Mar Menor.* elDiario.es. 13/10/2021.

(https://www.eldiario.es/politica/gobierno-murcia-ignoro-avisos-macrogranjas-cerdos-contaminaban-mar-menor_1_8387891.html)

—La ganadería intensiva, señalada como una de las causas de la crisis ecológica del Mar Menor. El Mundo. 13/10/2021.

(https://www.elmundo.es/ciencia-y-salud/medio-ambiente/2021/10/13/6166efb5e4d4d8c82d8b45c2.html)

77. *Comer Animales*. Jonathan Safran Foer. Editorial Seix Barral. Febrero del 2020. Pág: 217.

78. *Regénesis*. George Monbiot. Págs. 111-112.

79. *Por qué comer incluso un poco de carne roja "aumenta el riesgo de cáncer"*. BBC News. 17/04/2019.

(https://www.bbc.com/mundo/noticias-47962184)

80. "El número de menores de 50 años a los que se les diagnostica cáncer en todo el mundo ha aumentado casi un 80% en tres décadas (...). Las dietas ricas en carnes rojas y sal y bajas en fruta y leche, junto con el consumo de alcohol y tabaco, son los principales factores de riesgo que subyacen a los cánceres más comunes entre los menores de 50 años". *Cancer cases in under-50s worldwide up nearly 80% in three decades, study finds*. The Guardian. 05/09/2023.

—*A global epidemic of cancer among people younger than 50 could be emerging*. CNN. 17/10/2022.

(https://edition.cnn.com/2022/10/14/health/early-onset-cancer-increase/index.html)

81. *El abuso de comida rápida ya causa más cirrosis que el alcohol*. El País. 09/03/2023.

(https://elpais.com/salud-y-bienestar/2023-03-09/el-abuso-de-comida-rapida-ya-causa-mas-cirrosis-que-el-alcohol.html?fbclid=IwAR35k_g2IbFvVo87ZnCHS_fK8mmH6KCEDXsg3uN1JHUSEJKdYm-4QepLWF0)

82. *75% de enfermedades emergentes pueden tener origen zoonótico.* Gaceta UNAM. 19/08/2021.

(https://www.gaceta.unam.mx/75-de-enfermedades-emergentes-pueden-tener-origen-zoonotico/#:~:text=75%25%20de%20enfermedades%20emergentes%20pueden%20tener%20origen%20zoon%C3%B3tico,-Indispensables%20medidas%20de&text=El%20riesgo%20de%20que,infectar%20a%20los%20seres%20humanos)

83. "Cada año ya se reconoce la muerte de 25.000 personas por infecciones resistentes a los antibióticos en Europa. Acaban con la vida de cientos de miles de personas en todo el mundo. Sin antibióticos la medicina moderna apenas podría funcionar. Los científicos y los médicos ruegan a los Gobiernos que aborden esta crisis, pero el uso de esos medicamentos en las explotaciones ganaderas se espera que se incremente en dos tercios en los próximos quince años. La ganadería intensiva amenaza la salud humana, además de amenazar la salud de toda la naturaleza". *Regénesis*. George Monbiot. Págs. 112 y 114.

84. *Global burden of bacterial antimicrobial resistance in 2019: a systematic analysis*. The Lancet. 12/02/2022.
(https://www.thelancet.com/journals/lancet/article/PIIS0140-6736(21)02724-0/fulltext)

85. *Las superbacterias podrían haber acabado con la vida de 50 millones de personas a mediados de siglo*. National Geographic España. 03/02/2023.
(https://www.nationalgeographic.com.es/ciencia/las-superbacterias-podrian-haber-acabado-con-la-vida-de-50-millones-de-personas-a-mediados-de-siglo_17804)

86. *Podemos salvar el mundo antes de cenar*. Jonathan Safran Foer. Editorial Seix Barral. 2019. Págs: 113, 114.

87. *Regénesis*. Geroge Monbiot. Págs: 146, 147.

88. *The climate mitigation gap: Education and government recommendations miss the most effective individual actions*. Wynes y Nicholas. IOP Publishing. Julio del 2017.
(https://www.researchgate.net/publication/318353145_The_climate_mitigation_gap_Education_and_government_recommendations_miss_the_most_effective_individual_actions)

89. *Podemos salvar el mundo antes de cenar*. Jonathan Safran Foer. Pág: 118.

90. *La ONU alerta de que 150 especies se extinguen al día por culpa del hombre*. El País. 22/05/2007)
(https://elpais.com/sociedad/2007/05/22/actualidad/1179784806_850215.html#:~:text=Cada%20hora%2C%20tres%20especies%20desaparecen,en%20extintas%22%2C%20declar%C3%B3%20Djoghlaf)

Capítulo II
Ojos que no ven, corazón que no siente… y estómago contento

1. Ver nota 14 de la Introducción.

2. *A Social History of the Slaughterhouse: From Inception to Contemporary Implications*. Amy J. Fitzgerald. Departamento de Sociología y Antropología, Universidad de Windsor, Canadá.

(https://w.humanecologyreview.org/pastissues/her171/Fitzgerald.pdf)

3. *Abattoir*. George Bataille. Documents, No. 6. Noviembre 1929. Pág: 329.

4. La conocida frase del exbajista de los Beatles ha servido de inspiración para un impactante vídeo, producido por la organización PETA, que denuncia el maltrato animal: (https://www.youtube.com/watch?v=LLcyGReooaQ)

5. *El creciente apetito por la carne en el mundo*. Mónica Mena Roa. 12/07/2023. Statista.
(https://es.statista.com/grafico/28272/produccion-anual-de-carne-a-nivel-mundial/)

6. *Industria cárnica: retos y tendencias*. Sofía Reyna. MetalBoss. 26/08/2021.
(https://www.metalboss.com.mx/industria-carnica-retos-y-tendencias)

7. *La Era de la Carne*. Martín Caparrós. El País. 02/11/2015.
(https://elpais.com/elpais/2015/10/30/ciencia/1446220690_355590.html?event_log=oklogin)

8. "La tasa de crecimiento de la población humana ha caído a un 1,05 por ciento al año, (mientras que) la tasa de crecimiento de la población de ganado ha escalado al 2,4 por ciento anual". *Regénesis*. George Monbiot. Pág: 73.

9. *Slaughterhouse: The Shocking Story of Greed, Neglect, and Inhumane Treatment Inside the U.S. Meat Industry*. Gail A. Eisnitz. Prometheus Books. 2007.

10. Citado por Jonathan Safran Foer en *Comer Animales*. Pág. 314.

11. *"They die piece by piece"*. Jo Warrick. The Washington Post. 10/04/2001.
(https://www.washingtonpost.com/archive/politics/2001/04/10/they-die-piece-by-piece/f172dd3c-0383-49f8-b6d8-347e04b68da1/)

12. "No sorprende entonces que la consecuencia de esa disonancia emocional incluya violencia doméstica, aislamiento social, abuso de drogas, alcohol y depresión severa. A medida que los trabajadores de los mataderos reciben cada vez más tratamiento para el trastorno de estrés postraumático, los investigadores están comenzando a explorar de forma sistemática las consecuencias de matar seres sintientes. Amy Fitzgerald, profesora de criminología en la Universidad de Windsor en Canadá, ha encontrado una fuerte correlación entre la presencia de un gran matadero y las altas tasas de criminalidad en las comunidades de los Estados Unidos". *PTSD in the Slaughterhouse*. James McWilliams. Texas Observer. 07/02/2012.

(https://www.texasobserver.org/ptsd-in-the-slaughterhouse/)

13. *Commentary: Behavior of Slaughter Plant and Auction Employees Toward the Animals*. Temple Grandin. Anthrozoos, Volúmen 1, n. 4. 1988.
(http://grandin.com/references/behavior.employees.html)

14. *"Sentía que tenía cientos de pares de ojos de animales mirándome": las duras confesiones de una trabajadora de matadero*. BBC News Mundo. 03/01/2021.
(https://www.bbc.com/mundo/noticias-51371951)

15. "Debido a que la rotación laboral en esta industria es sumamente alta y sobrepasa a menudo el 100% anual, muchos empleadores contratan a trabajadores indocumentados a sabiendas con el fin de mantener la plantilla". *Los trabajadores de mataderos*. Food Empowerment Project.
(https://foodispower.org/es/trabajo-humano-esclavitud/trabajadores-de-mataderos/)

16. *Meat Industry Workforce*. British Meat Processors Association.
(https://britishmeatindustry.org/industry/workforce)

17. *The meat industry is hiding a dark secret, as workers at "America's worst job" wade through seas of blood, guts, and grease*. Áine Cain. Insider. 04/01/2018.
(https://www.businessinsider.com/meat-industry-sanitation-workers-2018-1?r=US&IR=T)

18. *Miedo, accidentes laborales y racismo, la dura realidad del trabajo en los mataderos españoles*. elDiario.es. 13/10/2021.
(https://www.eldiario.es/catalunya/sociedad/miedo-accidentes-laborales-racismo-dura-realidad-trabajo-mataderos-espanoles_1_8390788.html)

—*España: Inmigrantes denuncian pésimas condiciones laborales y racismo en mataderos de cerdos de Vic*. Business & Human Rights Resource Centre. 14/04/2016.
(https://www.business-humanrights.org/en/latest-news/espa%C3%B1a-inmigrantes-denuncian-p%C3%A9simas-condiciones-laborales-y-racismo-en-mataderos-de-cerdos-en-vic/)

19. *"Ag-Gag" Laws: Evolution, Resurgence, and Public Health Implications*. Caitlin Ceryes. National Library of Medicine. 28/02/2019.
(https://pubmed.ncbi.nlm.nih.gov/30451569/)

20. *Cellule de gendarmerie Demeter: la justice demande au ministère de l'intérieur de mettre un terme à la prévention des "actions de nature idéologique"*. Franceinfo. 01/02/2022.

(https://www.francetvinfo.fr/economie/emploi/metiers/agriculture/delinquance-dans-le-monde-agricole-la-cellule-de-gendarmerie-demeter-doit-disparaitre-d-ici-deux-mois-a-decide-la-justice_4937299.html)

21. *Bienestar animal: todos los mataderos de España deberán instalar cámaras de videovigilancia.* El País. 23/08/2022.

(https://elpais.com/clima-y-medio-ambiente/2022-08-23/bienestar-animal-todos-los-mataderos-de-espana-deberan-instalar-camaras-de-videovigilancia.html)

22. *Imágenes de una cámara oculta muestran el maltrato animal en un matadero de Madrid.* El País. 18/09/2019.

(https://elpais.com/ccaa/2019/09/17/madrid/1568743525_289887.html)

23. *Gran Bretaña y Francia obligan a poner videocámaras en los mataderos para evitar el maltrato animal: ¿será España la siguiente?* Directo al paladar. 14/01/2019.

(https://www.directoalpaladar.com/actualidad-1/gran-bretana-francia-obligan-a-poner-videocamaras-mataderos-para-evitar-maltrato-animal-sera-espana-siguiente)

24. *Slaughterhouse.* Gail A. Eisnitz. Citado en *Animals are not ours.* PETA. 12/03/2019.

(https://www.peta.org/blog/people-crying/)

25. *Slaughterhouse.* Gail A. Eisnitz. Pág: 145.

26. *Sébastien Arsac, el nieto de carnicero que se volvió vegano y se infiltró en mataderos para mostrar la cruel muerte de los animales que comemos.* BBC Mundo. 28/02/2017.

(https://www.bbc.com/mundo/noticias-39078943)

27. *The French eat twice as much meat as the world average.* Le Monde. 02/06/2023.

(https://www.lemonde.fr/en/environment/article/2023/06/02/the-french-eat-twice-as-much-meat-as-the-world-average_6028804_114.html#:~:text=With%2084.9%20kilograms%20of%20carcass,line%20with%20the%20European%20average.&text=1%20min.,one%20of%20the%20main%20contributors)

28. El nombre de la organización alude al artículo L214 del Código Rural francés, según el cual los animales son "seres sensibles" a los que sus dueños deben tratar con respeto.

29. *L'Animal que donc je suis.* Jacques Derrida. Éditions Galilée. 2006.

30. *Liberación Animal.* Peter Singer. Editorial Taurus. Diciembre 2022. Págs: 76, 77.

31. *Ibídem.* Pág: 30.

32. *Maltrato animal, sufrimiento humano.* Mauricio García Pererira. Ediciones Península. Junio de 2019. Pág. 40.

33. *Ibídem.* Pág: 46.

34. *Ibídem.* Págs: 50-51.

35. *Ibídem.* Pág: 78.

36. *Ibídem.* Pág: 116.

37. *Ibídem.* Pág: 87.

38. *Ibídem.* Págs: 51, 52.

39. *Ibídem.* Pág: 52.

40. *Ibídem.* Pág: 66.

41. *Ibídem.* Págs: 63-64.

42. *Ibídem.* Pág: 70.

43. *Ibídem.* Pág: 82.

44. *Liberación Animal.* Peter Singer. Pág: 178.

45. *Maltrato animal, sufrimiento humano.* Mauricio García Pereira. Págs: 71-72.

46. *Ibídem.* Pág: 87.

47. *Ibídem.* Pág: 79.

48. Acerca de la inmensa cantidad de vacas gestantes que son sacrificadas año tras año, García Pereira también ofrece la siguiente información: "Como recordó la Autoridad Europea para la Seguridad de los Alimentos (EFSA, por sus siglas en inglés) en 2016, diversos estudios realizados en Alemania, Italia, Bélgica y Luxemburgo demostraron que entre el 10 y el 15% de las vacas son sacrificadas cuando están embarazadas, en ocasiones durante su último período de gestación. En Francia se sacrifican cada año casi dos millones de vacas: eso quiere decir que unas ciento ochenta mil estarían en fase de gestación, y algunas listas para parir. Cada día, terneros a punto de nacer mueren asfixiados en el vientre de su madre, mientras se la sacrifica y despieza. Después se los envía a la basura, junto con los desechos". *Ibídem.* Pág: 147.

49. *Ibídem.* Pág: 81.

50. *Slaughterhouse.* Gail A. Eisnitz. Pág: 131.

51. *Maltrato animal, sufrimiento humano.* Mauricio García Pereira. Pág: 93.

52. "Los enlaces a algunos de los vídeos grabados por el autor, así como a otros procedentes de diversas fuentes, se encuentran en la web de la asociación L214: www.l214.com.video. El vídeo de los fetos desechados, por ejemplo, está disponible en YouTube: https://www.youtube.com/watch?-v=-T1ZgV3kAs0". *Ibídem*. Pág: 96.

53. *Ibídem*. Pág: 109.

54. *Ibídem*. Pág: 110.

55. *Ibídem*. Pág: 148.

56. *Ibídem*. Pág: 130.

57. *El Matadero de Cristal*. J.M. Coetzee. Pág: 104.

58. *The Omnivere's Dilemma*. Michael Pollan. Editorial Penguim. 2007. Pág: 304.

59. *Viaje al interior de las macrogranjas en España*. El País. 21/10/2021. Las fotos son suministradas por Greenpeace.
(https://elpais.com/elpais/2021/10/19/album/1634644038_068977.html#foto_gal_3)

60. *Handling and Transport of Spent Hens*. T.G. Knowles. World's Poultry Science Journal 50. 1994. Págs: 78-101.
(https://www.tandfonline.com/doi/bs/10.1079/WPS19940007)

61. *Comer Animales*. Jonathan Safran Foer. Pág. 168.

62. *Liberación Animal*. Peter Singer. Pág: 142.

63. *Report of the Technical Committee to Enquire into the Welfare of Animals Kept under Intensive Livestock Husbandry Systems*. F.W. Rogers Brambell. Her Majesty's Stationery Office. 1965. Párrafo 9.
(https://www.worldcat.org/es/title/Report-of-the-Technical-Commi-ttee-to-Enquire-into-the-Welfare-of-Animals-kept-under-Intensive-Li-vestock-Husbandry-Systems/oclc/475844139)

64. *Do Hens Suffer in Battery Cages? Environmental Preferences and Welfare*. M. Dawkins. Science Direct. Volume 25, Part 4. Noviembre 1977. Págs: 1034-1046.
(https://www.sciencedirect.com/science/article/abs/pii/0003347277900549)

65. *Liberación Animal*. Peter Singer. Pág: 138.

66. *Comer Animales*. Jonatahn Safran Foer. Pág: 172.

67. *Liberación Animal*. Peter Singer. Pág: 144.

68. *Ibídem*. Pág: 147.

69. *Las macrogranjas, paso a paso: un proceso industrial para criar 53 millones de cerdo al año*. El País. 23/01/2022.
(https://elpais.com/clima-y-medio-ambiente/2022-01-23/las-macro-granjas-paso-a-paso-un-proceso-industrial-para-criar-53-millones-de-cer-dos-al-ano.html)

70. *Liberación Animal.* Peter Singer. Pág: 150.

71. *Ibídem.* Pág: 151.

72. *El fotógrafo que retrata lo que esconden los mataderos "tras los muros".* El Asombrario & Co. 23/02/2020.

(https://www.ecoavant.com/consumo/tras-los-muros-denuncia-explotacion-sistematica-cerdos-en-granjas-en-espana_5710_102.html)

—El documental del mismo nombre, realizado por Aitor Garmendia en 58 mataderos de México durante 2015 y 2017, se puede ver a través del siguiente link:

(https://traslosmuros.com/mataderos-rastros-mexico-investigacion)

73. *Shocking footage of "severely injured" pigs on Spanish farms released.* The Guardian. 16/11/2020.

(https://www.theguardian.com/environment/2020/nov/16/shocking-footage-of-severely-injured-pigs-on-spanish-farms-released)

74. Por poner solo algunos ejemplos:

—*Por qué no necesitamos tantas proteínas como consumimos (y qué consecuencias tiene ese exceso).* BBC News Mundo. 26/06/2018.

(https://www.bbc.com/mundo/vert-fut-44345361)

—*Los 3 mitos sobre las proteínas que necesitas dejar de creerte.* Businnes Insider. 22/07/2019.

(https://www.businessinsider.es/3-mitos-proteinas-necesitas-dejar-creerte-458639)

—*El gran mito sobre las dietas vegetarianas.* Glucovibes. 07/07/2022.

(https://glucovibes.com/blog/el-gran-mito-sobre-las-dietas-vegetarianas/)

75. *16 vegan athletes you didn't know ate a plan diet-based.* Vegan, Food & Living. 15/12/2021.

"La matanza de animales y la agricultura, todo eso obviamente también tiene un gran impacto en el cambio climático del que tal vez la gente no hable tanto. Es más que una razón de rendimiento para mí: es un estilo de vida, algo de lo que estoy realmente orgulloso". Novak Djokovic.

"Mucha gente supone que es necesario comer productos animales para ganar mucha masa corporal e incluso para deportes de potencia. Y definitivamente se ha demostrado una y otra vez que es falso". Scott Jurek.

(https://www.veganfoodandliving.com/features/vegan-athletes-plant-based-diet/)

76. *Effects on cattle of transportation by road for up to 31 hours.* T.G. Knowles. Veterinary Records 145. 1999. Págs: 575-582.
(https://pubmed.ncbi.nlm.nih.gov/10606018/)

Capítulo III
La Espiral del Silencio

1. *Regénesis*. George Monbiot. Pág: 133.

2. *Ibídem*. Pág: 137.

3. *Uso de la tierra en la agricultura según las cifras.* Alimentación y Agricultura Sostenibles. Organización de las Naciones Unidas para la Alimentación y la Agricultura (FAO). 07/05/2020.
(https://www.fao.org/sustainability/news/detail/es/c/1279267/#:~:text=La%20superficie%20de%20tierra%20destinada,y%20pastizales%20para%20el%20pastoreo)

4. *Regénesis.* George Monbiot. Pág: 144.

5. *Causes of Deforestation of the Brazilian Amazon.* Sergio Margulis. World Bank Working Paper No. 22.
(https://documents1.worldbank.org/curated/en/758171468768828889/pdf/277150PAPER0wbwp0no1022.pdf)

6. *Deforestation causes global warming.* FAO. Citado por Jonathan Safran Foer en *Podemos salvar el mundo antes de cenar.* Pág: 110.

7. "El cambio de uso de la tierra, principalmente la deforestación, contribuye con entre el 12% y el 20% de las emisiones de gases de efecto invernadero". *What is the role of deforestation in climate change and how can "Reducing Emissions from Deforestation and Degradation" (REDD+) help?* The London School of Economics and Political Science. 10/02/2023.
(https://www.lse.ac.uk/granthaminstitute/explainers/whats-redd-and-will-it-help-tackle-climate-change/#:~:text=Land%20use%20change%2C%20principally%20deforestation,also%20contribute%20to%20these%20emissions)

8. *Reducing food's environmental impacts through producers and consumers.* J. Poore y T. Nemecek. Science. 01/06/2018.
(https://www.science.org/doi/10.1126/science.aaq0216)

9. *US Farming Factory Estimates.* Sentience Institute. 04/11/2019.
(https://www.sentienceinstitute.org/us-factory-farming-estimates)

10. *Radiografía de las granjas en España: ¿Cuántas hay, cómo han crecido y dónde declaran lo que contaminan?* El País. 16/01/2022.

(https://elpais.com/clima-y-medio-ambiente/2022-01-16/radiografia-de-las-granjas-en-espana-cuantas-hay-como-han-crecido-y-donde-declaran-lo-que-contaminan.html)

11. *La ganadería industrial está destruyendo el planeta.* Greenpeace. 10/06/2019.
(https://es.greenpeace.org/es/sala-de-prensa/comunicados/la-ganaderia-industrial-esta-destruyendo-el-planeta/)
—*Alimentando el problema.* Greenpeace. Febrero de 2019.
(https://es.greenpeace.org/es/wp-content/uploads/sites/3/2019/02/20190209_AlimentandoElProblema_PAC.pdf)

12. *España sacrifica a un 40% más de cerdos que hace 10 años con exportaciones récord.* El Independiente. 23/06/2022.
(https://www.elindependiente.com/economia/2022/06/23/espana-sacrifica-a-un-40-mas-de-cerdos-que-hace-10-anos-con-exportaciones-record/#:~:text=El%20sacrificio%20de%20cerdos%20en,58%2C5%20millones%20en%202021)

13. *España es el país de la UE con mayor número de animales de granja en jaulas.* Compassion in World Farming. 09/03/2023.
(https://www.ciwf.es/notas-de-prensa/2023/03/espana-es-el-pais-de-la-ue-con-mayor-numero-de-animales-de-granja-en-jaulas)

14. "En los últimos 13 años, mientras el número de sacrificios aumentaba un 36%, se ha "reducido drásticamente" el número de explotaciones reducidas, un 30%, reza el último informe del Ministerio de Agricultura. También han disminuido un 10% las intermedias, al tiempo que han crecido un 3% las de mayor tamaño". *¿Qué es una macrogranja? ¿Cuánto contaminan? Los datos detrás de la guerra por la ganadería intensiva.* RTVE. 12/01/2022.
(https://www.rtve.es/noticias/20220112/macrogranja-cuanto-contamina-ganaderia-intensiva/2252420.shtml)

15. "La Unión Europea (UE) ha visto desaparecer 5,3 millones de granjas en 15 años. En 2020, había 9,1 millones de explotaciones agrícolas en la UE, lo que supone un 37% menos que en 2005, según los datos de la oficina estadística europea Eurostat". *La Unión Europea pierde 5,3 millones de explotaciones agrarias en 15 años.* A en verde. 19/04/2023.
(https://www.aenverde.es/la-union-europea-pierde-53-millones-de-explotaciones-agrarias-en-15-anos/)

16. *Agri-Environmental Indicator – livestock patterns.* Enero 2023.
(https://ec.europa.eu/eurostat/statistics-explained/index.php?title=Agri-environmental_indicator_-_livestock_patterns)

17. "En 2021, aproximadamente 95.165 trabajaban en la industria cárnica en España". *Número de personas que trabajaron en la industria cárnica en España entre 2009 y 2021*. Statista. 21/09/2022.

(https://es.statista.com/estadisticas/492046/numero-de-personas-que-trabajaron-en-la-industria-carnica-en-espana/#:~:text=En%20 2021%2C%20aproximadamente%2095.165%20personas,la%20industria%20c%C3%A1rnica%20en%20Espa%C3%B1a)

18. *Los propietarios de Valls Companys, entre los 100 españoles más ricos de 2022*. Cárnica. 04/11/2022.

(https://carnica.cdecomunicacion.es/noticias/55479/propietarios-vall-companys-entre-los-100-espanoles-mas-ricos-2022-forbes)

—*Vall Companys dispara su beneficio y aumenta un 83% sus inversiones, hasta 130 millones*. Forbes. 05/09/2022.

(https://forbes.es/empresas/176583/vall-companys-dispara-su-beneficio-y-aumenta-un-83-sus-inversiones-hasta-130-millones/)

19. *Los reyes de la carne en España... son tres hermanos de Lérida*. El Mundo. 24/05/2018.

(https://www.elmundo.es/cronica/2018/05/22/5af88361468aeb656a8b45f9.html)

20. *¿Hay macrogranjas en España? Radiografía de la industria cárnica, la cuarta mayor del país*. Forbes. 13/01/2022.

(https://forbes.es/economia/133643/radiografia-de-la-industria-carnica-en-espana-la-cuarta-mayor-del-pais/)

21. "La industria del petróleo y el gas ha generado 2.800 millones de dólares al día en beneficios puros durante los últimos 50 años, según revela un nuevo análisis. La enorme cifra total acumulada por los petroestados y las empresas de combustibles fósiles desde 1970 es de 52 billones de dólares, lo que proporciona el poder de «comprar a cada político, cada sistema» y retrasar la acción sobre la crisis climática, dice el profesor Aviel Verbruggen, autor del análisis". *Revealed: oil sector's "staggering" $3bn-a-day profits for last 50 years*. The Guardian. 21/07/2022.

(https://www.theguardian.com/environment/2022/jul/21/revealed-oil-sectors-staggering-profits-last-50-years?fbclid=IwAR0HI-iCz_gX9RXcT6EboAKx-yuagnNTwl-2791u9k7cuMo5kumqpIR-qWI)

22. *Vast fossil fuel and farming subsidies causing "environmental havoc"*. The Guardian. 15/06/2023.

(https://www.theguardian.com/environment/2023/jun/15/vast-fossil-fuel-and-farming-subsidies-causing-environmental-havoc-world-bank?fbclid=IwAR2YYmhEIxhfbS74UYgyaCBu8BGMqolLPqydXF42aBudi6ts0PpMYTrx8Uc)

23. *Public policies and vested interests preserve the animal farming status quo at the expense of animal product analogs.* S. Vallona y E. Lambin. One Earth. 18/08/2023.
(https://www.cell.com/one-earth/fulltext/S2590-3322(23)00347-0)

24. *"Gigantic" power of meat industry blocking green alternatives, study finds.* The Guardian. 18/08/2023.
(https://www.theguardian.com/environment/2023/aug/18/gigantic-power-of-meat-industry-blocking-green-alternatives-study-finds?fbclid=IwAR17Hlp-goY_AXSrg-MMpRCDXTEXB2eSAQUdPZc4_FWhg8gwVydklDErndA)

25. "En este escenario, los cereales se llevan la peor parte. La cosecha alcanzará este año 10,2 millones de toneladas, un 42,36% menos respecto a la pasada campaña". *La sequía asfixia al campo: "Nunca habíamos tenido un año tan catastrófico".* El País. 10/09/2023.
(https://elpais.com/economia/2023-09-10/la-sequia-asfixia-al-campo-nunca-habiamos-tenido-un-ano-tan-catastrofico.html)

26. *La crisis climática lleva al planeta al verano más caluroso jamás registrado.* El País. 02/09/2023.
(https://elpais.com/clima-y-medio-ambiente/2023-09-02/la-crisis-climatica-lleva-al-planeta-al-verano-mas-caluroso-jamas-registrado.html?fbclid=IwAR321YZF8oHC5RQVvvPY02DBhNkji2AES6DMfZGc6_Dc6elkVYKYnTY6Awc)

27. *El 6 de julio de 2023, el día más cálido jamás registrado.* EITB. 27/07/2023.
(https://www.eitb.eus/es/noticias/sociedad/detalle/9274721/el-6-de-julio-de-2023-dia-mas-calido-jamas-registrado/)

28. *El responsable de clima de Copernicus, tras el verano más cálido jamás registrado: "No es un caso aislado, forma parte de un patrón".* El País. 06/09/2023.
(https://elpais.com/clima-y-medio-ambiente/2023-09-06/el-verano-mas-calido-jamas-registrado-no-es-un-caso-aislado-forma-parte-de-un-patron-de-calentamiento-generalizado.html)

29. El Panel Climático de las Naciones Unidas ha advertido de que "el cambio climático está avanzando mucho más rápido de lo esperado". *Preocupante:*

el cambio climático está avanzando mucho más rápido de lo esperado. Weekend. 07/03/2022.

(https://weekend.perfil.com/noticias/informativo/preocupante-el-cambio-climatico-esta-avanzando-mucho-mas-rapido-de-lo-esperado.phtml)

30. *Jim Skea, nuevo presidente del IPCC: "Algunos cambios en el clima están llegando más rápido de lo esperado"*. El País. 10/08/2023.

(https://elpais.com/clima-y-medio-ambiente/2023-08-10/jim-skea-nuevo-presidente-del-ipcc-algunos-cambios-en-el-clima-estan-llegando-mas-rapido-de-lo-esperado.html?fbclid=IwAR0_9idrr1xpHnC7rupUm6FL8SrUx9ePwkMjh2HJQwCBoMhTmtG8JgyZXjM)

31. *La subida de la temperatura media mundial llegará a 1,5 ºC probablemente entre 2023 y 2027*. El Mundo. 17/05/2023.

(https://www.elmundo.es/ciencia-y-salud/medio-ambiente/2023/05/17/6464aac3fdddff5c698b45c7.html)

32. *Ex-ante life cycle assessment of commercial-scale cultivated meat production in 2030*. P. Sinke, E. Swartz y otros. The International Journal of Life Cycle Assessment. 05/06/2023.

(https://link.springer.com/article/10.1007/s11367-022-02128-8)

33. *¿Correrán las macrogranjas la misma suerte que las tabacaleras?* El País. 18/07/2023.

(https://elpais.com/ideas/2023-07-18/correran-las-macrogranjas-la-misma-suerte-que-las-tabacaleras.html)

34. *Soy: Food, Feed, and Lane Use Change*. W. Fraanje y T. Garnett. Food Climate Research Network., Universidad de Oxford. 2020.

(https://www.tabledebates.org/building-blocks/soy-food-feed-and-land-use-change)

35. *Modelación del cultivo de soja en Latinoamérica*. Comisión Europea. 30/07/2019.

(https://publications.jrc.ec.europa.eu/repository/handle/JRC110355#:~:text=Am%C3%A9rica%20Latina%20y%20el%20Caribe%20constituyen%20la%20principal%20regi%C3%B3n%20productora,Brasil%20es%20el%20principal%20exportador)

36. *Argentina, el país que se cree dulce de leche*. Martín Caparrós. El País. 19/07/2023.

(https://elpais.com/opinion/2023-07-19/argentina-el-pais-que-se-cree-dulce-de-leche.html)

37. *La prohibición de vender nuevos coches de gasolina y diésel a partir de 2035 en la UE.* Noticias Parlamento Europeo. 28/10/2022.

(https://www.europarl.europa.eu/news/es/headlines/economy/20221019STO44572/la-prohibicion-de-vender-nuevos-coches-de-gasolina-y-diesel-a-partir-de-2035?at_campaign=20234-Green&at_medium=-Google_Ads&at_platform=Search&at_creation=DSA&at_goal=TR_G&at_audience=&at_topic=Emissions&gclid=Cj0KCQjwxuCnBhDLARIsAB-cq-1qpfl8qIgcSGPNuyXLACL28yc1Axopon1exqHPMfMjJ6FhR5ZhD504aA-jBlEALw_wcB)

38. *La "batalla de las calefacciones" pone en aprietos a los socios del Gobierno alemán.* El País. 25/05/2023.

(https://elpais.com/internacional/2023-05-25/la-batalla-de-las-calefacciones-pone-en-aprietos-a-los-socios-del-gobierno-aleman.html)

39. *Francia prohíbe los vuelos cortos con alternativa en tren para luchar contra el cambio climático.* Europa Press. 25/05/2023.

(https://www.europapress.es/turismo/nacional/noticia-francia-prohibe-vuelos-cortos-alternativa-tren-miercoles-20230524122857.html)

40. Ver nota 88, Capítulo I.

41. *Regénesis.* George Monbior. Pág: 147.

Epílogo
Ver, Oír, Hablar

1. *Elizabeth Costello.* J.M. Coetzee. Literatura Mondadori. Marzo 2004. Pág: 72.

2. *Ibídem.* Pág: 73.

3. *Ibídem.* Pág: 70.

4. *Ibídem.* Pág: 84.

5. Citado por Jonathan Safran Foer en *Comer Animales.* Pág: 264.

6. *The Letter Writer.* Isaac Bashevis Singer. 1968.Revisando

7. Muchos consideran que hablar de "derechos de los animales" es un contrasentido. Uno de ellos es el filósofo Fernando Savater, quien ha colocado reiteradamente a los animalistas y ecologistas en su diana a lo largo de los últimos años. Afirma el filósofo que no se puede hablar de "derechos" cuando tampoco hay "deberes", y los animales no poseen esto último. Savater parece obviar interesadamente que los bebés, los discapacitados graves y los enfermos postrados en estado vegetativo tampoco tienen "deberes", y no por ello los excluimos de los derechos universales del hombre (entre ellos el más fundamental de todos: el derecho a la vida). Son derechos que (teóricamente) todos los humanos poseemos por el mero hecho de pertenecer a la "especie humana". Ahondaremos más en esta clara manifestación de "especismo" a lo largo de los párrafos siguientes.

8. *Comer Animales*. Jonathan Safran Foer. Pág: 264.

9. Elizabeth Costello. J.M. Coetzee. Pág: 97.

10. *Ibídem*. Pág: 98.

11. *Liberación Animal.* Peter Singer. Pág: 22.

12. *Ibídem*. Pág: 25.

13. *Djokovic: "Los 36 son los nuevos 26"*. Infobae. 14/07/2023.

14. *Wild mammals make up only a few percent of the world´s mammals.* Our World in Data. 15/12/2022.
(https://ourworldindata.org/wild-mammals-birds-biomass)

15. *It could be the Age of the Chicken, Geologically.* James Gorman. The New Tork Times. 11/12/2018.
(https://www.nytimes.com/2018/12/11/science/chicken-anthropocene-archaeology.html)

16. *Infografía:¿cuántos litros de agua requiere la producción de alimentos.* Ciencias Ambientales. 17/01/2019.
(https://www.cienciasambientales.com/es/noticias-ambientales/infografia-fundacion-aquae-huella-hidrica-produccion-de-alimentos-17218)

17. Ver nota 8 del Capítulo I.

Índice